# LEUR NOM

## est une

# MARQUE

Bernard Logié - Dora Logié-Naville

# LEUR NOM

## est une

# MARQUE

Préface de Jean-Rémy CHANDON-MOËT
Postface de Bernard CERQUIGLINI
Délégué général à la langue française
et aux langues de France

Éditions
d'Organisation

Éditions d'Organisation
1, rue Thénard
75240 Paris Cedex 05

Consultez notre site :
www.editions-organisation.com

© Éditions d'Organisation, 2002
ISBN : 2-7081-2830-2

« Il n'y a point au monde un si pénible métier
que celui de se faire un grand nom :
la vie s'achève que l'on a à peine ébauché
son ouvrage. »

*Caractères*
« *Du mérite personnel* »
Jean DE LA BRUYÈRE

# SOMMAIRE

## PARTIE 1

## Le cadre de la marque patronymique

CHAPITRE **1**

PARTIE 2

# La gestion de la marque patronymique

# REMERCIEMENTS

Nous remercions les dirigeants qui ont bien voulu témoigner et donner de leur temps pour les entretiens qu'ils nous ont accordés. Nous les remercions d'autant plus que la nature du sujet les a amenés à s'impliquer personnellement.

Nous remercions tous les « Éponymes » qui ont donné leur nom à leur entreprise et donné par là même un exemple fort de création et d'engagement dans la vie des affaires.

Bernard Logié s'adresse particulièrement à Georges et Jacqueline, Jean-Marie et « Tante Nicole », Raymond, qui sont, sans le savoir, à l'origine de cette démarche ; puis un peu plus tard Alain, Emmanuel, Gilles, Olivier qui l'ont confortée ; Florence et son entourage qui l'ont confirmée.

À Jean-Bernard et Jean-Philippe qui la font vivre,

Sabine qui l'a soutenue à sa manière, sans oublier Léodie.

# AVERTISSEMENT
# DES AUTEURS

Ce livre a été réalisé à partir des travaux consacrés à l'entreprise familiale et le constat qu'aucune étude n'ait été dédiée à la marque patronymique.

Seule la jurisprudence en fait état en raison des aspects de gestion du nom et de la marque qui lui sont propres.

Les références à l'industrie de l'automobile sont volontairement nombreuses. En effet, le produit de cette industrie est non seulement une référence omniprésente de la vie quotidienne, mais aussi un produit spectaculaire et exemplaire d'un processus de fabrication de plus en plus complexe depuis sa conception jusqu'à sa réalisation. Adoptée ou rejetée, l'automobile qui a largement contribué à l'évolution de la société à laquelle elle s'adapte continûment, jouera encore longtemps un rôle prédominant dans l'aide à la mobilité des hommes en réponse à leur besoin d'autonomie et de liberté.

## Méthode

Nous plaçant dans l'optique du nom et de son traitement, nous avons délibérément choisi de désigner par « dénomination sociale » les vraies et fausses marques patronymiques traitées dans cet ouvrage.

En effet, la marque patronymique relevant du droit de la propriété intellectuelle, c'est le nom qui identifie une personne morale, comme le nom patronymique identifie une personne privée. Par dénomination sociale, nous intégrons donc la raison sociale et le nom commercial, sans distinction.

*Moyens*

Les propos extraits des entretiens avec les personnes citées ont été soumis au contrôle des intéressés.

Enfin, les analyses avancées et les points de vue exprimés le sont en toute liberté intellectuelle et indépendance financière.

# PRÉFACE

Bernard Logié et sa fille Dora sont des chercheurs de héros dans le monde marchand : ceux qui ont réussi, en industrie, commerce, ou service, tout en ayant baptisé leur enfant économique de leur propre nom ; et qui se sont prolongés dans la même affaire par leur descendance mâle. Il est amusant que cette quête ait pour auteurs un père et... sa fille.

Méthodiques dans leur fouille des succès passés, ils ont trouvé des critères pour distinguer ce qui a des chances de réussir encore longtemps, avec un scrupule d'historiens, et sans doute aussi une arrière-pensée pédagogique. Car, pour la jeunesse curieuse, comme pour les lanceurs d'entreprise, quoi de plus stimulant que de valeureux exemples ?

L'épopée des inventeurs, acteurs de la croissance industrielle qui a donné leur puissance aux pays développés, est fascinante à bien des égards. Elle a remplacé à bon droit, dans les mythes sociaux, les longues rivalités des empires, des principautés et des familles, qui constituaient autrefois les repères majeurs des historiens. Les familles luttaient entre elles pour dominer à leur étage, puis pour contrôler le niveau supérieur, jusqu'à s'opposer aux dirigeants de l'État. Et celle qui s'en rendait maîtresse le confisquait au bout de quelque temps à son profit, en le mettant souvent en exploitation au détriment du peuple.

L'accélération des innovations techniques a rendu plus humaines et plus bénéfiques, dans les États de droit, les luttes inter-entreprises, qu'on appelle concurrence, qui ne sont plus sanguinaires, et assez rarement judiciaires. Ce sont encore, avec le temps, des luttes inter-familiales, où le sens du mot famille a pu s'élargir aux communautés de travail, et quelquefois aux fournisseurs locaux et aux sous-traitants.

L'entrepreneur-fondateur a souvent réussi dans la durée parce qu'il a donné très tôt à la protection de son innovation, et à celle de sa marque, l'importance qu'elles méritaient. En France particulièrement, les marques internationalement gagnantes sont nombreuses car depuis 1872 beaucoup d'entre elles se sont défendues collectivement au sein de l'Union des Fabricants, administrée un temps par un frère Lumière, présidée plus récemment par Jean-Jacques Guerlain, et qui a fait prévaloir des règles juridiques devenues mondiales. La proportion des marques éponymes y est grande. L'apparition de dynasties en a été facilitée, puisque le souci de la transmission familiale accompagnait assez naturellement celui de la pérennité de l'entreprise.

Mais, pour les dynasties marquantes, la difficulté du choix du successeur, dans la 2$^{\text{ème}}$ ou dans la n$^{\text{ième}}$ génération, ressemble à celle qu'avait jadis un créateur d'empire. Dans les deux cas, la personnalité familiale apte à diriger, et désireuse d'en prendre la responsabilité, a parfois fort à faire pour asseoir à son tour son autorité. Cela peut demander plusieurs années ; après quoi se posera bientôt la question de la succession suivante. Et cette dernière devra trouver une réponse originale en fonction des personnalités nouvelles d'une génération plus jeune et de l'évolution du contexte : fiscal et social notamment.

Aussi longtemps que le capital reste contrôlé, la tendance est de ne choisir qu'au sein de la famille. Il peut être salutaire d'en sortir à temps, et cela est d'autant plus aisé qu'on aura résolu la question posée par les héritiers du nom. De même qu'un simple homonyme non descendant du fondateur, le porteur du nom de l'entreprise qui reste à l'extérieur ne doit pas exercer une activité concurrente, sauf accord et limitations importantes. S'il en est capable, et surtout s'il admet une situation de subordination, il peut au contraire « réintégrer » l'entreprise ex-familiale et en devenir, non plus un héros, mais un... héraut, un ambassadeur ; et son nom sera de nouveau un atout, à la fois pour l'agrément de son propre travail, et pour l'entreprise elle-même, dont la culture se trouvera enrichie par la présence non parasitaire de ce surgeon.

Faisant partie, en ligne directe, de la 8ème génération éponyme d'une maison de champagne, que l'histoire a conduite à se métamorphoser plusieurs fois pour rester leader de sa profession, je peux dire que le maintien d'un petit nombre d'éponymes en son sein lui confère plus d'avantages que d'inconvénients, du moment qu'ils y assurent une fonction pour laquelle ils sont qualifiés. La présence d'autres éponymes au sein d'un conseil contrôlant, a posteriori, le management est tout aussi bénéfique, s'ils connaissent la culture de l'entreprise et le milieu porteur de sa clientèle. Dans un tel conseil, des parents non éponymes qui restent motivés sont également utiles.

Original par son sujet, très authentique, traité avec humour et détachement, ce livre m'apparaît assez profond pour mériter l'attention de ceux qui s'engagent dans la vie professionnelle et de ceux qui proposent des choix d'investissement ; car il aidera les premiers à s'orienter en connaissance de cause vers le type d'entreprise qui fera le mieux pétiller leur jeunesse, et les seconds à fonder leurs options.

Jean-Remy CHANDON-MOËT

## J'ai donné, je donne, je donnerai
## mon nom à mon entreprise

En raison de la chute des pourcentages relatifs à la création d'entreprises, l'association les « Éponymes » dont la mission est de promouvoir l'esprit entrepreneurial, s'est intéressée à l'avis des jeunes sur cette question (création d'entreprise, appellation).

En novembre 2001, une enquête a été menée auprès des étudiants de l'école de commerce ESCP-EAP avec les objectifs suivants :
- évaluer l'intérêt de futurs diplômés pour la création d'entreprise ;
- identifier la politique d'appellation de ces futurs entrepreneurs ainsi que leur opinion quant à l'association d'une marque, d'un nom et d'une famille ;
- dégager, dans une population de jeunes étudiants créateurs potentiels, les tendances concernant la création d'entreprise et leur souci de voir l'entreprise qu'ils seront à même de créer se pérenniser.

Au cours de ce sondage ont principalement été interrogés des étudiants de troisième année et de Mastères à l'ESCP-EAP (âge compris à 80 % entre 21 et 25 ans ; 2/3 d'hommes).

- Plus du tiers ne semble pas être intéressé par le projet de créer sa propre entreprise. Plus des deux tiers de ceux qui sont favorables à cette idée désirent attendre au moins 5 ans avant de se mettre en œuvre.

- Souhait d'autonomie, volonté de se réaliser, ambition sont les motivations les plus souvent évoquées. Viennent ensuite les expériences acquises, l'exemple familial et la formation académique.

- Huit personnes sur dix refuseraient de donner leur nom à l'entreprise.

- Dans le cas où l'individu serait prêt à donner son nom à son entreprise, celle-ci appartiendrait au secteur des services, suivi du commerce, puis de l'industrie, et enfin de la net-économie.

- De façon générale, 40 % des étudiants interrogés considèrent que donner son nom à son entreprise est un avantage. Parmi ceux qui sont déjà prêts à le faire, 6 sur 10 considèrent que les avantages du nom patronymique comme nom de marque résident dans son authenticité (pour 4 personnes sur 10), ses atouts de communication et de proximité-client grâce au caractère humain qui en émane.

- Mais les trois quarts des personnes interrogées considèrent qu'un nom patronymique provoque un effet écran car il n'évoque pas l'activité de l'entreprise, 15 % d'entre elles qu'il pose des problèmes à l'internationnal et 14 % qu'il semble démodé.

# INTRODUCTION

## La force de l'engagement

La marque patronymique se caractérise par le fait d'être naturelle puisqu'elle est le nom d'une personne.

Face à la tendance de création de noms de marques issus de recherches marketing ou formés aux sources grecques et latines de la langue, il est intéressant de souligner la place de ce nom, qui pour certains observateurs appartient à l'Histoire et n'aurait donc plus de légitimité. Objet de curiosité ? Rareté ? Les marques patronymiques sont présentes et très actuelles. Elles possèdent sans conteste une forte dimension historique, mais participent activement au patrimoine productif vivant :

- 28 des cent premiers groupes industriels et de service mondiaux en termes de chiffre d'affaires ont pour dénomination sociale un nom patronymique.
- 26 des cent premiers groupes européens et 30 des cent premiers français sont d'origine patronymique[1], ainsi que 20 % des entreprises cotées au CAC 40, premier et second marchés.

Quelles sont alors les recettes de leur réussite et de leur longévité ?

Pour répondre à cette question, il faut resituer les racines de la marque patronymique, ce que nous ferons dans une première partie intitulée « le cadre de la marque patronymique ».

---

1. Classements des Groupes Industriels et de Service, Enjeux Les Echos, 11/01 (Tableaux en annexe).

Nous y examinerons tour à tour l'environnement et les conditions réglementaires de la naissance des marques patronymiques, la personnalité de leurs fondateurs ou « Éponymes », la force de l'engagement et le sens de la responsabilité caractéristiques de ces créateurs qui baptisent leur entreprise de leur nom.

La nature et le rôle du nom seront également traités dans ces prémisses pour comprendre l'apport de la marque au patrimoine culturel, au lexique, la manière dont elle l'a enrichi, ainsi que l'impact des noms sur la marque elle-même par une nouvelle évaluation appelée le Capital Sonore.

Nous traiterons ensuite les éléments constitutifs des marques patronymiques à travers leur culture originale et forte qui influe sur le management. Celui-ci s'imprègne de valeurs profondément ancrées qui s'érigent en principes d'action sur lesquels peuvent s'appuyer les générations futures. En effet, le modèle d'engagement et d'implication que symbolise la marque patronymique répond aujourd'hui à la demande d'information et de responsabilité qu'exigent les critères du Développement durable.

À cet égard, il est permis de s'interroger sur l'éventuelle tentation du législateur d'actualiser les lois qui s'appliquaient aux noms, en réponse à l'attente exprimée par les acteurs et les observateurs de la vie des affaires, pour y faire admettre un comportement nécessairement plus rigoureux et responsable.

En deuxième partie, nous aborderons en deux chapitres les forces et les faiblesses des marques patronymiques en termes d'influence sur le marketing et la communication des dirigeants éponymes. De l'un et de l'autre, elle en serait le début et la fin.

Enfermante ou capable de se développer sur les marchés internationaux, la marque patronymique a ses propres secrets liés à nombre de valeurs qui la rendent attachante et l'empêchent de mentir. Elle dure parce que son contrat de confiance établi dans la complicité avec le consommateur n'a pas besoin de s'écrire.

Cependant, les marques patronymiques sont intimement liées aux entreprises familiales qui les gèrent et dont nous présentons les difficultés potentielles.

Les propos d'hommes-marques et d'autres acteurs exposés par la marque en témoignent par leurs avis partagés. Ils disent ce que porter le nom de son entreprise procure comme avantages ou inconvénients et donnent des conseils aux jeunes en raison de leur expérience.

Avant de rejoindre l'univers de la marque patronymique, il est nécessaire de préciser le sens des concepts développés dans l'ouvrage :

*Éponyme :*
*a) – le fondateur. Celui qui donne son nom à l'entreprise*
> *ex : l'éponyme Jean-Claude Decaux*

*b) – par extension, le dirigeant porteur du nom de l'entreprise : l'héritier successeur aux commandes, ou héritier du nom*
> *ex : Jean-Charles Decaux, le dirigeant éponyme*
> *ex : Louis Blériot, le descendant éponyme.*

*Éponymique : qui possède le caractère Éponyme*
> *ex : Jean-Charles Decaux, le dirigeant de l'entreprise éponymique*
> *ex : Ford, l'entreprise éponymique dirigée par Bill Ford*
> *ex : le 807 Peugeot, dernier monospace de la gamme éponymique.*

*Marque patronymique : marque dont le nom est celui d'une personne, vraie ou fausse*
> *ex : Liebig appartient à Nestlé, toutes deux marques patronymiques*
> *ex : Vivien Paille, fausse marque patronymique du groupe éponymique Soufflet.*

# PARTIE 1

# Le cadre de la marque patronymique

# 1
## CHAPITRE

# Les racines de la marque patronymique

## 1. Les beautés de l'Histoire

### Avant l'industrialisation

La transformation de la matière est le fait de fabricants ou d'artisans isolés dont le nom restera. À l'âge proto-industriel, l'armurier Beretta s'établit en 1526, le joaillier Mellerio en 1613, l'apothicaire Merck en 1654, la forge de De Dietrich en 1684 et les moulins à grain des Peugeot commencent à tourner dans les mêmes années. Apparaissent De Wendel en 1704, Revillon en 1723, Rémy Martin en 1724, Ruggieri en 1739, Moët en 1743, Maille en 1747, Villeroy et Boch en 1748, Marie Brizard en 1755.

### Pendant l'industrialisation

Imaginez-vous au Second Empire. Influencé par les courants idéologiques de l'époque, Napoléon III veut lancer des grands travaux qui donneront travail et richesses. Soutenu par l'optimisme des saint-simoniens, ces avocats de l'esprit d'entreprise, « les seuls auxquels notre temps doit de la reconnaissance. C'est leur impulsion, à la fois scientifique et industrielle, qui a donné le branle au mouvement d'amélioration. (...). Le résultat de leur prédication et de leurs efforts est

énorme et a perfectionné les conditions de la vie humaine[1] ».
Napoléon III veut alors développer la civilisation industrielle
et le progrès. Il commande à Haussmann d'adapter Paris à
la modernité, aux conditions de circulation, à l'hygiène et fait
entrer la lumière dans la ville dont les produits de son savoir-
faire doivent être vendus « *au bonheur des dames* » dans les
tous nouveaux espaces commerciaux : *La Belle Jardinière, Le
Bon Marché.* Des milliers de start-up – le mot n'existait pas –
voient alors le jour. Une multitude d'entreprises sont créées
par des hommes qui se lancent dans l'aventure. C'est la
deuxième révolution industrielle, favorisée par un contexte
politique et social lui-même lié aux précédentes évolutions
techniques, « car les techniques sont à la fois le produit et la
source du changement social »[2].

On peut admettre (François Caron[3]) qu'à la première révolution industrielle fondée sur l'utilisation du charbon et de
l'énergie à vapeur, a succédé la deuxième révolution industrielle fondée sur l'électricité, le moteur à explosion et la chimie organique. La première s'est formée entre 1760 et 1840
pour s'épanouir entre 1850 et 1914, la seconde s'est formée
entre 1880 et 1930.

### Un tourbillon affairiste

En France, les années du Second Empire sont au faîte de la
grande période de mutation intellectuelle et industrielle qui
voit dans le monde la naissance et le développement de la
plupart de nos techniques et procédés actuels. À Paris, principal bassin d'emploi d'alors, le nombre grandissant de
machines à vapeur témoigne de l'essor économique. 131
machines sont dénombrées en 1830. 1076 sont installées entre
1830 et 1849. L'industrie de la soude, l'éclairage au gaz, la
fabrication d'engrais commerciaux, la féculerie, la confection
industrielle apparaissent d'abord à Paris. Dans le renouveau

---

1. Maxime Du Camp, in *Haussmann*. Michel Carmona. Fayard. 2000.
2. François Caron. « Internet, 3e révolution industrielle », opuscule « Soi-
rée Liberty Surf Group Advertising 28 février 2001 », p. 3.
3. François Caron. *Les deux révolutions industrielles*. Albin Michel. 1997.

ambiant, l'ascension sociale fondée sur l'initiative et la valeur personnelle fait naître les vocations.

Rambuteau raconte dans ses *Mémoires* une visite du comte de Paris et de la duchesse d'Orléans aux ateliers Cail et Derosne. « Je conduisis le comte de Paris dans un angle obscur et je lui dis : "Monseigneur, c'est ici, il y a vingt-trois ans que M. Cail, simple ajusteur, est parti pour parvenir à la tête de cette grande manufacture où il occupe 1500 ouvriers." L'affaire, créée en 1818 par Charles Derosne, fils d'un pharmacien de Paris, avait commencé petitement avec la fabrication d'appareils à distiller utilisés dans l'industrie du sucre. Cail, entré comme simple ouvrier en 1824, était devenu contremaître, puis intéressé à l'établissement et, en 1836, associé en nom. À partir de 1834, sous son influence, la société prend de l'extension en se tournant vers la production de matériel ferroviaire ; un premier lot de huit locomotives est exécuté en 1844. Cail, simple manuel sans le sou, mais inventif et pratique, devient l'un des hommes les plus riches de sa génération » [1]. L'évolution de l'affaire donnera Fives-Cail-Babcock.

Aux côtés des maîtres de forge et de l'industrie lourde déjà établie, les nouveaux venus voulaient améliorer la condition de leurs semblables par la diffusion du savoir (*Hachette, Larousse*), des arts (*Pleyel, Sax*), des arts de la table (*Christofle, Puiforcat*), du beau (*Boucheron*, plus tard *Cartier*), des loisirs (*Cook, Chevillotte, Paquet*), des produits rares (*Hédiard, Dalloyau*) et moins rares (*Menier, Olida, Suchard, Puget, Schweppe's, Poulain, Leroux, Heineken*), des services (*Félix Potin*) ; d'autres s'intéressaient aux progrès du confort (*Otis, Leclanché, Mackintosh, Burberry*), du voyage (*Vuitton*), de l'hygiène (*Bourjois, Creed, Roger & Gallet, Velpeau*), de la santé (*Liebig, Nestlé, Perrier*)…

Procédés et techniques étaient donc diffusés par le biais d'entreprises que leurs fondateurs baptisaient de leurs noms, selon la loi expliquée plus loin. De ces milliers d'aventures

---

1. *Haussmann, op. cit.*, p. 168-169.

industrielles et commerciales, nous avons hérité de marques patronymiques, dont la longévité a dépassé celle des hommes qui les ont lancées. Beaucoup d'entre elles animent toujours notre paysage économique, d'autres sont devenues des termes génériques quand l'usage s'est approprié leur renommée, comme bottin ou opinel. Elles nous parviennent dans toute leur modernité, preuve de la personnalité d'un créateur et de la légitimité de son œuvre.

Ces pionniers de l'industrialisation ont bâti le socle de l'économie et du monde modernes. En matérialisant l'esprit d'entreprise, leurs réalisations prennent valeur d'exemple : celui de la création qui suppose audace, sens du risque et de l'objectif, d'innovation et de liberté.

> Ils ont inspiré la création des « ÉPONYMES », l'association des dirigeants porteurs du nom de leur entreprise. Nous avons créé cette association pour diffuser l'exemple de la création et promouvoir les valeurs des familles entrepreneuriales qui pérennisent les réalisations du fondateur.

### Législation et Histoire : à l'origine, la loi

Les marques patronymiques correspondent au premier type de marques apparues, pour la plupart, au cours de la deuxième révolution industrielle avant l'émergence du marketing en tant que science, datée par une première publication d'experts au début des années 1900.

Précisons qu'il était alors naturel qu'un entrepreneur donnât son nom à son entreprise et à ses produits, par application de la loi sur les noms. L'entreprise était souvent l'œuvre d'un homme seul, d'un entrepreneur visionnaire ayant trouvé une application commerciale à une invention géniale. La notion de marque elle-même était assez floue car elle se confondait avec l'entreprise. Pour cette raison, les marques patronymiques sont le prototype de la « marque-entreprise ».

Le législateur[1] distingue trois étapes importantes dans l'évolution de la marque patronymique :

- *Avant 1807* : La loi sur les noms a pour corollaire les sociétés de personnes. Les sociétés prennent pour dénomination sociale le nom du ou des dirigeants, avec toute la confiance attachée à leur nom. Pour cause : les associés doivent engager leurs biens propres pour répondre des dettes et d'une éventuelle faillite.
  Aujourd'hui encore, quelques entreprises fonctionnent sous forme de sociétés de personnes. C'est le cas de la banque privée suisse Lombard Odier, dans laquelle les gérants s'engagent sur leurs biens personnels.

- *De 1807 à 1867* : Un projet de loi du Code du Commerce de 1807, article 20, instaure la première forme de sociétés de capitaux qui se distingue des sociétés de personnes. Ainsi naît la Société Anonyme mais avec réserve d'autorisation du gouvernement. En conséquence, il reste alors plus simple de baptiser une entreprise du nom du ou des fondateurs.

- *De 1867 à 1966* : Pendant l'étude de ce projet de loi, les juristes et le gouvernement s'attachent à cette autorisation gouvernementale. Celle-ci saute en 1867 avec la loi exclusivement consacrée aux Sociétés Anonymes. Ce sont alors des contrats de société qui commencent à transformer les sociétés de personnes en Sociétés Anonymes. Ce n'est qu'en 1966 qu'il devient possible de créer une Société Anonyme institutionnalisée par la loi, en la faisant naître sous n'importe quelle dénomination.

---

1. Les aspects juridiques ont été étudiés en collaboration avec Maître Robert Panhard, Notaire et Maître Christian Hollier-Larousse, Avocat en Propriété Intellectuelle.

## 2. Les valeurs et les raisons fondatrices

### 2.1. Valeurs fondatrices

L'homme préexiste bien à l'entreprise, car transformer une idée en industrie suppose une réelle capacité d'initiative, incarnée par l'entrepreneur, synonyme de travail, de dynamisme, de pugnacité. Guidé par la diversité de ses origines et de sa formation, poussé par ses motivations, il impose ses vues à tous les processus qui vont ordonner son projet : innovation, gestion, management. Par essence, la marque patronymique est liée au créateur qui lui a donné son nom. Elle est le prolongement de son évolution personnelle et l'aboutissement de ses intentions. Par un transfert quasi génétique, elle est l'alliage de passions et d'une histoire, de croyances et de valeurs qui habitent la personnalité à chaque fois différente d'un être, dans toute sa rareté et sa culture.

### 2.2. Raisons fondatrices

La vie des individus est un croisement de contextes et de circonstances singulières. Les destinées, dans le sens d'une gestion des actes, ouvrent sur de possibles aventures humaines qui ne s'arrêtent que face à un seul destin : la fin de l'existence. Entre-temps, tout est possible – John Pimberton a cinquante ans lorsqu'il découvre son Coca-Cola, Georges Lesieur en a soixante quand il lance ses huiles.

Les destinées entrepreneuriales s'amorcent avec conviction plus que par dessein, parfois par opportunité ou sur des perspectives incertaines, quelquefois même par hasard. Les projets des fondateurs-entrepreneurs s'élaborent dans des contextes aussi variés qu'inattendus mais toujours analysables. Les raisons fondatrices sont donc complexes dans leurs origines, mais uniformes dans l'effet qu'elles génèrent : des réalisations. Responsable de la création puis de la durée, le fondateur est animé d'un esprit d'entreprise, composé d'audace, de besoin de réaliser, de goût du risque, de sens de l'objectif.

## Altruisme

Animé par des objectifs humanitaires, le pharmacien-chimiste allemand Justus von Liebig (qui fit ses premières expériences dans les laboratoires de Gay-Lussac en 1822 – et qui se vit décerner par Napoléon III le titre de commandeur de la Légion d'honneur en 1867) met au point vers 1850 ses extraits de viande qu'il commercialise en 1852.

Emu par la mortalité infantile, Henri Nestlé, pharmacien à Vevey, invente en 1865 la farine lactée pour nourrissons et crée son entreprise en 1867. Depuis cette date, la marque est restée fidèle à sa promesse sur le marché des aliments infantiles. Depuis, chez Nestlé, « le président, c'est bébé ».

## Confort

Dans la Drôme au début de l'année 1930, les frères Lafuma réfléchissent à la légèreté. Ils ont entrepris la fabrication d'un sac de toile libérant les mains du voyageur. En 1936, le sac à dos à armature métallique est prêt, en même temps que le Front Populaire offre des congés payés aux Français.

## Détermination

« *Je veux être le premier* » avait coutume de dire Francis Bouygues. Il crée son affaire en 1952, il a alors 30 ans.

## Déterminisme

Programmé par son père pour devenir banquier, John P. Morgan étudie les mathématiques à Boston, puis séjourne en Europe pour apprendre le français et l'allemand. Placé dans une banque à Londres, il n'accepte pas de recevoir les seuls ordres paternels et s'installe à son compte en 1862, à 25 ans.

## Esprit d'entreprise

Pour valoriser les produits de la terre, Pierre Bonduelle décide d'installer en 1926 à Renescure (dans le Nord de la France) une conserverie sur le site reçu des familles fondatrices de la distillerie Bonduelle et Lesaffre en 1853.

Passionné dès son enfance par les vertus curatives des plantes et des fleurs, le jeune Yves Rocher se voit confier le secret d'une pommade traitant les varices par une guérisseuse. Il improvise très vite un laboratoire dans le grenier familial. C'est en 1959, Yves Rocher n'a pas encore trente ans.

### Hasard

Années 1960 à Beauvais. Voyant les gens attendre le bus sous une pluie battante, Jean-Claude Decaux pense qu'ils seraient mieux au sec sous des abris qu'il financerait avec de la publicité. Il crée une société d'affichage. Il avait 18 ans.

En 1954, Raymond Berthillon reprend un café-hôtel que ses parents tenaient dans l'île Saint-Louis depuis 1930. Un congélateur et une turbine sont refusés par le successeur de la boulangerie qu'il revend. Alors pourquoi ne pas utiliser ce matériel ? En vendant des crèmes glacées, il donnait un style plus convivial à son nouvel établissement.

### Nécessité

1846. La crise frappe le pays et une aubaine se présente : un ami de la famille annonce à Jean-Romain Lefèvre, pâtisser sans emploi, qu'une place est à prendre à Nantes. En 1850, il retourne dans sa Meuse d'origine épouser Pauline-Isabelle Utile, fille de confiseur. Les jeunes mariés regagnent Nantes où leur fils Louis déposera la forme et la marque « Petit-Beurre LU » en 1888[1].

### Obligation

1795. L'ingénieur Nicolas Conté est convoqué par le comité de salut public pour trouver une solution à la pénurie de graphite à la suite du blocus des anglais de 1792. Il imagine de mélanger le graphite à l'argile pour rendre la substance moins grasse, et rendre l'écriture plus équilibrée.

---

1. Patrick Lefèvre-Utile, Entretien avec l'auteur, Août 1999.

**Opportunité**

En voyage en Pologne d'où sa mère est originaire, André Citroën découvre chez un artisan de Varsovie un système d'engrenages à chevrons. Il achète le brevet, crée son affaire d'engrenages en 1905, puis travaille avec les frères Mors (automobile et matériel ferroviaire), construit ensuite une usine destinée à la fabrication d'obus sur les terrains de Javel qu'il adapte en 1919 à la construction d'automobiles.

Italien naturalisé suisse à la tête de la minoterie familiale, Julius Maggi lance en 1882, dix ans après la création de sa société, les premières farines légumineuses. Cette idée lui est recommandée par le docteur Fridolin Schuler, « inquiet de la piètre qualité nutritive de l'alimentation ouvrière. L'invention reçoit alors la caution de la Société suisse d'utilité publique, fondée en 1810, qui avait pour but de défendre les conditions de vie des travailleurs et de défendre les intérêts des entreprises ».

**Reconnaissance**

Propriétaire depuis 1898 de la source des Bouillens à Vergèze (Gard) dont les bienfaits sont connus pour la santé, le docteur Louis Perrier rêve de conquérir le marché français mais manque de moyens financiers. Sir John Harmsworth, frère des fondateurs du Daily Mail et du Daily Telegraph, rencontre Louis Perrier en 1902 à l'occasion d'un séjour linguistique. En 1903, Perrier accorde un bail à Harmsworth en vue de lui céder la source. Ce dernier, gentleman, laisse à la source le nom du docteur qui lui laisse ses parts.

## 2.3. Croyances et engagement religieux

Nous mettons sous le mot croyances ce qui mobilise une personne sous différentes formes, que ce soit au service de l'action, l'art, l'argent, l'entreprise, les sciences, les techniques, l'homme ou l'humanité... Et ceux qui croient en l'humanité portent haut leur croyance, ce qui suppose avoir le sens de la dimension spirituelle de l'existence.

Mais de ces formes de croyances, seule la religion exige de la spiritualité, celle qui canalise un être dans l'abandon de la foi et la pratique du culte qui lui correspond. Les religions sont nombreuses et malgré les diversités confessionnelles, des valeurs communes se rassemblent dans les préceptes religieux qui continuent d'influencer les comportements individuels dans la vie des affaires. Le sentiment religieux stimule les questions existentielles et chacun, dans sa conscience, puise dans sa religion une des raisons de son action. Les principes acquis se mêlent ainsi aux aptitudes reçues et guident les intentions, comme les actions, de ceux qui créent ou de ceux qui dirigent.

> « La rentabilité n'est pas une forme de religion et la religion ne vise pas la rentabilité, mais le travail bien fait passe par l'intelligence et les passions adéquatement orientées ». [1]

Prenons les exemples les plus répandus.

## Catholicisme

« Qu'as-tu fait de ton talent ? » résume une des paraboles (Evangile selon Saint Matthieu XXV, 14) les plus prégnantes du catholicisme. Au premier niveau, elle s'applique à la valorisation de l'argent – la monnaie-talent – par l'épargne et l'investissement. Elle est ensuite un appel à la conscience pour qui manquerait de faire fructifier les dispositions qui lui ont été naturellement données.

■ Secret comme beaucoup de patrons dans le monde, François Michelin s'est cependant ouvert en disant ce qu'il pensait dans son ouvrage « Et pourquoi pas ? ». Ceux qui l'on lu ont compris l'engagement personnel de ce chrétien rigoureux et la manière dont il a voulu s'adapter au monde de l'entreprise, en y adaptant le message des Evangiles en ce qui concerne les rapports humains. « *Comment concilier le fait d'être patron avec la foi catholique ?* » une question que, pour ma

---

1. Professeur Patrick de Laubier – Prêtre Catholique in Jean-Pierre Audoyer, *Le Nouveau Management*, préface p. 15 – Editions de l'Emmanuel, 2000.

© Éditions d'Organisation

part, je reformule de la manière suivante : « Y a-t-il une expérience humaine de l'entreprise ? » écrit François Michelin [1].

Cinquième enfant et quatrième fils de François, Edouard a fréquenté un collège privé catholique. Chrétien convaincu, Centralien, Edouard est passionné de théologie comme son père – et l'un de ses frères, Etienne, est entré dans les ordres –. Amateur de chant grégorien, il est fan de marche en montagne et apprécie les belles voitures, ses seuls péchés mignons.

Dans le Nord de la France, le patronat chrétien nourrit sa réflexion de l'éthique catholique afin de « *raccrocher les convictions les plus profondes à la politique des affaires* » dit l'un de ses représentants.

Albert Prouvost, le dernier dirigeant familial de « La Lainière de Roubaix » et cousin de Jean, le magnat de la presse, inventait le 1 % logement en créant, avec le maire de Roubaix et les syndicats CFTC et CGT du textile du nord, le premier « Comité interprofessionnel du logement ».

« À la joie de la libération partagée par tous s'ajoute celle de réaliser le projet que je porte en moi depuis plus de vingt ans : améliorer le niveau de vie des plus défavorisés en les logeant décemment.(...) Car loger le personnel a toujours été l'un des soucis des patrons du textile du Nord. Cette préoccupation répond à la fois aux exigences humanitaires chrétiennes dont les grandes familles se réclament et aussi à une nécessité économique. » [2]

Chez les Mulliez, un étonnant esprit d'entreprise mobilise toute la famille, régie par des valeurs et un code déontologique directement inspirés de l'église catholique. « *Comme toute entreprise, Auchan a des racines. Nous sommes originaires du Nord, et il est vrai que Gérard Mulliez, fondateur de l'entreprise, et ses premiers collaborateurs étaient empreints de catholicisme social. C'est une réalité. Cela étant, l'entreprise grandit, s'adapte à son environnement et intègre d'autres cultures mais sans renier la sienne. Etre pragmatiques en gardant nos valeurs, c'est cela qui fait notre richesse* » déclare le président du directoire, Christophe Dubrulle. [3] ∎

1. Préface, p. 32.
2. Albert A. Prouvost. *Toujours plus loin*, 1992, p. 75.
3. « Les Echos », Voyage au cœur d'Auchan – 12/10/2001.

### Protestantisme

L'esprit du protestantisme a affirmé une religion de l'autorité spirituelle et morale. Le protestantisme vrai ne serait pas davantage la religion d'un individualisme anarchique mais la religion des consciences individuellement libérées.

La spiritualisation et le culte pur caractérisent cet esprit qui voit le croyant dans le seul rapport immédiat de sa conscience avec Dieu.

■ George Fox, le fondateur des Quakers au XVIII⁺ siècle, estimait ainsi qu'il ne pouvait exister qu'une relation exclusive avec le Saint Esprit. *« Il crée la communauté en 1747 dont les principes austères privilégient l'ardeur au travail et la rigueur, le réinvestissement de la richesse dans l'outil de travail. Au XX⁺ siècle, les Quakers détiennent Barclays, Lloyds, Price Waterhouse, Cadbury ou Rowntree dont ils sont à l'origine [1] ».*

*Arthur Andersen est issu d'une famille de protestants émigrée de Norvège. Il inscrit au cabinet qu'il crée en 1913 la ligne de conduite héritée de sa mère : « Penser droit, parler droit ».*

*John P. Morgan a bâti son trust financier avec une solide foi de chrétien épiscopalien – parallèlement à sa passion pour les œuvres d'art et les femmes – qui lui fit dire dans son dernier souffle : « il faut que j'atteigne l'éternel ».*

*Fils d'un père bigame et descendant d'une famille de huguenots français, John D.Rockfeller est élevé par sa mère qui se réconforte dans la lecture de la Bible. Profondément croyant, il fréquente assidûment l'Eglise baptiste et gardera de cette éducation le goût pour une vie simple et rigoureuse. Il ne fumera ni ne boira jamais une goutte d'alcool. C'est un profil pieux, sérieux, appliqué et économe : « Je crois que la capacité de faire de l'argent est un don de Dieu (...) il est de mon devoir de faire de l'argent et encore plus d'argent, et de faire usage de cet argent pour le bien des autres hommes, conformément à ce que me dicte ma conscience ».* ■

En France, le protestantisme a profondément marqué les dynasties de l'Est avec les *De Dietrich, Japy, Peugeot, Seydoux* ; les familles manufacturières de Mulhouse : les *Dollfus, Koechlin, Mieg, Schlumberger, Zuber,* dont certains de leurs membres seront fondateurs (protestants mais aussi franc-maçons)

---

1. Geneviève Ferone, Entretien avec l'auteur, Juin 2001.

de l'originale « Société Industrielle de Mulhouse » et du patronat mulhousien.

## 3. La personnalité des fondateurs

### Formation et non formation des créateurs-fondateurs

Les formations très disparates des créateurs-fondateurs montrent que l'intelligence conceptuelle est insuffisante dans le processus de création. L'audace, l'intuition, l'esprit pratique, le goût de l'indépendance, l'observation – *Tout ce que vous n'apprendrez pas à Harvard* - mais aussi l'aptitude physique, le goût de s'imposer – l'ascendant et le charisme – comptent pour beaucoup dans les capacités d'entreprendre.

Quelques exemples parmi les plus célèbres :

■ *Arts et Métiers*
Pierre Angénieux (optique), Lucien Arbel (les wagons), André Bernard (associé dans Campenon-Bernard) , Charles-Henri Brazier (automobiles), Emile Cail, René Couzinet (équipement aéronautique), Louis Delâge, Emile Delahaye, André Guinard (les Pompes), Célestin Montcocol, Antoine Montupet...

*Centraliens*
Louis Blériot, Francis Bouygues, Gustave Eiffel, Pierre Latécoère, Georges Leclanché (les piles), André Michelin, René Panhard, Armand Peugeot...

*Médecins*
John Boyd Dunlop, John Harry Kellog, Louis Perrier..

*Pharmaciens*
Marcel Berger (la lampe), Charles G. Hahn, Léon Lajaunie, Henri Nestlé, Antoine-Brutus Menier, Julius von Liebig, Camille Poulenc, Henri de Ricqlès...

*Polytechniciens*
Jean Bertin (le père de l'aérotrain), Antoine Breguet, co-fondateur avec son père Louis-Clément de la Maison Breguet, entreprise d'électricité, télégraphe, téléphone ; André Citroën, Eugène Freyssinet (le béton), Jean Grégoire (automobiles), Auguste Rateau, Conrad Schlumberger (promotion 1898 avec André Citroën).

*Autodidactes*
Combien d'éminentes figures comme le taciturne mais ingénieux Louis

Renault ont cru en leur projet, ou les nombreux « Derniers de la classe », selon la formule choisie par Antoine Riboud pour le titre de son livre autobiographique. ■

## Profil psychologique

Existerait-il un profil type du candidat à la création d'entreprise ?

Il est facile de se laisser tenter par des idées ou de faire la proposition de projets novateurs ou audacieux. Le plus difficile est de les mettre en œuvre.

Du « marchand d'idées », nourri des projets qu'il diffuse avec autant de passion qu'il les a élaborés, jusqu'à se faire piller puis souffrir de déception en déception ; du « géniteur » qui « démarre » sans cesse de nouvelles affaires que d'autres pérennisent ; l'entrepreneur, lui, se distingue par la réalisation et la durée.

Comme nous l'avons dit, les raisons fondatrices sont multiples et complexes. Seul ou associé, diplômé ou non, avec ou sans moyens, c'est « la rage de vaincre », la volonté d'aboutir, des raisons économiques, des choix par défaut même ou des intentions beaucoup plus secrètes qui conduisent tôt ou tard le créateur au bureau des formalités pour « visser sa plaque ».

En ayant travaillé sous l'autorité de créateurs-fondateurs, nous avons aussi recruté des collaborateurs pour d'autres fondateurs ou dirigeants. Ces recrutements nous ont fait rencontrer de nombreuses personnes dont des candidats résolument plus motivés par la création que pour le poste proposé, si attrayant fût-il. Nous constatons que ces hommes sont bien sûr tous différents, mais tous ceux qui ont créé vibrent de la même intensité indescriptible, mobilisés par leur projet, avec l'assurance et l'évident confort payés, mais à quel prix, pour leur liberté.

« Fort de ses convictions personnelles, bien structuré, ce candidat (virtuel ici) cadre efficacement son secteur d'intervention et s'entoure de garanties avant d'agir, car ses initiatives sont mûrement réfléchies dans la stratégie.

Doté d'une vision critique des situations qu'il doit gérer, il a un sens marqué de l'utile et du tangible généralement doublé d'une perception réaliste des intérêts mis en jeu. Ses projets ne manquent pas d'envergure, mais il se méfie des vastes desseins et s'en tient à ce qu'il sait pouvoir réaliser.

Un esprit de compétition développé l'incite à se mesurer aux autres sur un terrain professionnel où une obligation de résultat accroît ses chances de réussite. Volontaire, obstiné, chez lui l'esprit de décision subsiste malgré la méfiance du caractère. Accrocheur, il poursuit avec opiniâtreté ses objectifs définis avec fermeté, dans l'autonomie et le sens des responsabilités.

Il est à l'aise avec ses interlocuteurs avec qui il aime discuter et auprès de qui il cherche à imposer son point de vue. Il semble plus souple en apparence que réellement malléable et veille à préserver son indépendance de jugement. »[1]

Ce portrait n'est pas un portrait robot mais s'apparente à celui du dossier d'un « bon candidat », ou d'un candidat à la création d'entreprise au mode de fonctionnement assez voisin. Mais voisin seulement, sans être identique. Car le candidat à la création possède quelque chose de plus. C'est pourquoi il crée.

## 4. La famille : l'âme de la marque patronymique

### 4.1. Rôle de la famille : émergence et structuration d'une culture

La famille imprègne de ses valeurs les membres successifs des générations et chaque membre qui en hérite avec le nom y fonde sa culture, son identité et sa fierté d'entreprendre.

La famille joue un rôle fondamental quand elle prouve « *un attachement à ce qui reste une création durable : l'entreprise* »[2].

---

1. Portrait établi en collaboration avec Mme Brigitte Angiolini, graphologue-conseil.
2. Jack Avry – NSMVie – Trophées 2000 – Sénat

La famille-entreprise structure le processus de transmission des dirigeants présents et à venir ; elle est source de continuité pour tous les collaborateurs – familiaux ou non – qui adhèrent à ses valeurs, elle est le lien où chacun voit ses efforts se prolonger et perdurer dans le travail de ses successeurs.

### Déterminisme du milieu

Tout se décide au berceau.

> ■ Franck Mars a trois ans quand il contracte la polyo en 1886. Il passera alors son enfance à apprendre les recettes de cookies et de friandises au chocolat que sa mère prépare en excellente cuisinière. À dix-neuf ans en 1902, il ouvre une petite fabrique de friandises chocolatées. ■

Réseau naturel des relations établies par le sang, espace naturel de l'apprentissage, relais des savoirs et quelquefois des secrets de fabrication, la famille est un « Lieu Unique ». Lieu où se tutoient sans distinction l'entreprise et la famille qui y préparent, ensemble, leur avenir et celui du nom. « La Maison Schneider et la famille, n'était-ce pas la même chose ? » (...). Enfant, il me semblait que fille et filiale étaient synonymes [1] ».

> ■ « Ma vie, évidemment, s'est trouvée étroitement mêlée au Groupe qui porte mon nom.(...) J'étais le seul fils de l'industriel Anton Frederik Philips. Mon père avait une passion : l'usine, née lors de sa décision en 1894 d'aider son frère Gérard à fabriquer des lampes. Il lui avait bien fallu avoir une vie de famille après son mariage, mais la firme, à l'essor foudroyant absorbait tant ses pensées que dès mon enfance je l'entendais constamment parler de « L'USINE ». Il en parlait sans cesse avec ma mère, qui partageait son intérêt (...). [2] ■

### Cohérence et solidarité familiales

Les trésors des familles sont certainement leurs secrets. Les discordes qui ont inspiré des séries « dallassiennes », tout

---

1. Dominique Schneidre, *Fortune de Mère*, Fayard. 2001.
2. Frederik Philips, *45 ans avec Philips*, Editions France-Empire. 1981.

comme l'entente, ressemblent à ces images appelées clichés qui sortent de l'opacité de la chambre noire. Vous ne saurez – jamais – ce qui s'y passe.

Lorsque les membres d'un groupe familial sont soudés, l'entente familiale devient solidarité. Une solidarité clanique, indivisible et complice sur laquelle peuvent s'appuyer ses membres avec l'implicite confiance qui permet le partage des intérêts, des objectifs, et d'un nom commun.

> ■ Peu avant sa mort, Edouard de Lafarge dit dans ses *Souvenirs* que « la concorde n'a cessé de régner entre les frères, les neveux, les oncles et Dieu a béni ce travail ! Je ne crains pas de le dire, le succès de l'usine de Lafarge est un des plus beaux faits industriels que l'on puisse citer. Dieu fasse que la génération qui nous suit comprenne comme la mienne tout ce que peut le travail d'une famille cimentée par l'étroite union de ses membres. »[1] ■

**Témoignage**

**Claude TAITTINGER**
*À l'évidence, sans un esprit d'équipe et d'entraide, il eût été impossible de constituer le beau domaine de luxe et d'un certain art de vivre (...) que nous administrons aujourd'hui*[2].

### Intérêt et sens de l'objectif

« Je suis là pour faire durer la fabrique », dit Jean Barnery, troisième génération des Barnery, fabricants des porcelaines Barnery à Limoges dans les « Destinées sentimentales ». Héritier d'une dynastie de fabricants de cognac, les Boutelleau, et descendant des Haviland, Jacques Chardonne n'était pas mieux placé pour décrire l'esprit d'une famille entrepreneuriale. Beaucoup voient dans ce roman un bel exemple de

---

1. In Pierre d'Ambly, *Les Pavin de Lafarge, de l'armée du Roi à l'industrie de la République* – François-Xavier de Guibert – Mai 2000.
2. Les Taittinger et le rôle des entreprises familiales – Les Echos – Août 2000.

l'amour conjugal. Ceux qui l'on lu savent ce qu'avec l'amour un couple doté de complicité et de sens de l'objectif est capable de réaliser, assumant la difficile interaction entre la vie de famille, la vie de l'entreprise et l'ensemble de leurs contraintes. Quittant sa charge de pasteur, Jean Barnery est nommé gérant de l'entreprise par décision du conseil de famille. Il accepte, entraîne sa femme en lui déclarant solennellement : « C'est une responsabilité familiale... Ça répond à un instinct profond ».

Cette scène se situe au début du XXᵉ siècle mais reste d'actualité : fille d'Alain et de Danielle Manoukian, Seda est dans le couffin de sa mère, styliste de la marque dès la création de l'entreprise en 1972. Elle proclame : « *Je ne défendrais pas aussi bien mon truc si ce n'était pas pour la famille* »[1].

### Stabilité managériale

La présence de la famille aux commandes procure une rassurance aux collaborateurs en place. Citons le cas de ce jeune héritier en recherche d'emploi au sortir de son école de commerce. S'étant déclaré seul candidat de la fratrie pour succéder aux aînés sortants, il nous disait anonymement :

> « *Les salariés inquiets du départ à la retraite de mon père et de mon oncle étaient satisfaits de savoir qu'un porteur du nom était intéressé à reprendre l'affaire. Ils n'ont plus rien manifesté.* »[2]

> « *Heureusement qu'ils sont là les Durand, sinon, il n'y aurait que des chômeurs ici...* » propos que nous entendons dans l'Audomarois (région de Saint-Omer – Pas-de-Calais), où siège la Verrerie cristallerie d'Arques (marques Arcopal, Luminarc, etc.) que Philippe Durand dirige et a rebaptisée « Arc International » depuis la disparition de son père Jacques en avril 1997.

---

1. Le Nouvel Economiste – 22/03/2002
2. Entretien avec l'auteur – Décembre 2000.

### Famille et management de la succession

Des témoignages aussi forts ne viennent pas par hasard : l'âme d'une marque patronymique est celle de la famille qui la gère. La famille est le lieu structurant qui entretient une parfaite entente intergénérationnelle grâce à la préparation psychologique des héritiers.

---

**Témoignage**

**Jean-Paul MAURY**

*J'avais une admiration pour mes parents. Dès 11/12 ans, je savais que j'allais devenir imprimeur. La passion est venue toute seule. L'imprimerie, c'était intéressant – il y avait à la fois de la création, de l'industrie, des hommes, des auteurs – c'était culturel, artistique, industriel. L'exemple des parents a été celui d'une passion pour la rigueur, le courage, la ténacité, le fait de partager des problèmes[1].*

---

« Comment les héritiers sont-ils préparés à diriger ? » est le titre d'une enquête que nous avons menée l'été 1999 auprès d'une centaine de dirigeants porteurs du nom de leur entreprise. En réponse, 80 % des dirigeants interrogés ont estimé très important le développement d'une culture entrepreneuriale dans l'éducation des héritiers. Les résultats ont montré que les valeurs personnelles et les valeurs entrepreneuriales se transmettent durant l'enfance dans la tranche d'âge déterminante comprise entre 10 et 15 ans.

Par ordre d'importance :

1. donner un sens à sa vie
2. apprendre
3. construire la confiance en soi
4. éveiller le sens de la compétition.

Quand un des parents est chef d'entreprise, il transmet certaines valeurs :

---

1. Jean-Paul Maury – Entretien avec l'auteur – 19/04/01.

5. le sens du risque et de l'objectif
6. l'ouverture aux nouvelles technologies
7. la notion de profit et d'investissement.

Culture familiale et éducation entrepreneuriale étant étroite-
ment liées, les héritiers en apprennent autant sur l'affaire que
les plus anciens collaborateurs.

> ■ « *Je pratique le tutoiement avec les plus anciens qui ont plus de
> trente ans de maison – il existe un fort attachement entre nous – ils me
> conseillent et me disent en direct ce qui ne va pas et comment l'amé-
> liorer* » .[1]

> Arnaud Lagardère entre dans le groupe officiellement en 1987. « *En
> vérité, il y est né. Il a sauté sur les genoux de tous les Lagardère boys,
> la soixantaine aujourd'hui (…), tous ses tontons* ».[2]

> « J'ai toujours été fascinée par les machines, par leur taille, par la
> noblesse du travail bien fait. J'aimais reconnaître de loin une locomo-
> tive et je n'ai jamais pris un train, jusqu'à un âge tout à fait adulte,
> sans aller voir si la locomotive « venait de chez nous ». Pour un autre
> enfant, une fraiseuse aurait peut-être évoqué une machine à faire des
> glaces ; moi, je différenciais une fraiseuse d'une fraiseuse-alé-
> seuse. »[3] ■

## 4.2. Famille et durée

« Les noms qui donnent aux hommes l'idée d'une chose qui
semble ne devoir pas périr, sont très propres à inspirer à
chaque famille le désir d'étendre sa durée » nous dit Mon-
tesquieu dans l'*Esprit des lois* (XXIII.IV).

### Transmission du nom

Quoi de plus simple que de transmettre un nom que l'on a
reçu soi-même à la naissance ? Le Code civil rappelle
qu'aucune disposition légale ne règle la transmission du nom

---

1. Jean-Paul Maury – Entretien avec l'auteur – 19/04/01.
2. Arnaud Lagardère, le lionceau décomplexé – Isabelle Durieux – La Tribune – Avril 2001.
3. Dominique Schneidre – op cité p 127.

patronymique à l'enfant légitime. C'est en vertu de la coutume qu'il porte le nom de son père.[1]

Cependant, le management de la succession a montré que la fierté d'entreprendre se transmet avec l'identité et les valeurs d'une famille : « *Quand on est un (xxx)..., on est entrepreneur* », et porter le nom devient un privilège méritocratique : « *La Marque pour laquelle je me bats* », confient ces héritiers, représentants de la sixième génération et porteurs du nom de leur famille-entreprise respective[2].

Avoir pour nom Peugeot impose plus de devoirs que de droits et l'on se plaît à rappeler aux derniers de la famille que « personne ne les attend chez Peugeot »[3].

Pour Arnaud Lagardère, la question d'entrer dans le groupe ne s'est pas plus posée que celle d'être le fils de son père. « *On se ressemble comme deux gouttes d'eau. Travailler ici n'a jamais été le résultat d'un déclic, mais plutôt d'un goutte à goutte* ».[4]

### Désir de pérennité

Il semble bien que l'aventure industrielle et l'aventure familiale se rejoignent pour une même destinée :

---

1. Les modalités de transmission du nom patronymique sont régies, dans les autres cas, par le Code civil :
– pour la filiation naturelle, par l'article 334-1
– pour l'adoption plénière, par l'article 357 et pour l'adoption simple, par l'article 363.
2. Entretiens avec l'auteur dans le respect de l'anonymat.
3. « *Les Peugeot* » – Alain Jemain.
4. Isabelle Durieux – article cité.

*Témoignage*

**Jean-Luc LAGARDÈRE**
*Je considérerais comme honteux qu'avec la vie physique
s'arrête la vie de l'entreprise. Il faut aller vers plus grand.
C'est ce que je souhaite. C'est ce que mon fils veut*[1].

## 5. Une culture d'entreprise particulière

Les entreprises sont techniques, industrielles ou commerciales par la nature de leur activité. Tenter de définir leur culture
en les classant dans une typologie descriptive du métier rédui-
rait la notion de culture à un champ clos. C'est sans doute
ce que retient le sens commun qui assimile l'entreprise à un
univers aux périmètres bien définis. Au tournant des années
2000, des plans sociaux ont fait descendre des catégories de
salariés dans la rue baptisés par la presse « Les LU » ou « Les
Marks & Spencer ». Ces manifestations sont intéressantes.
Elles révèlent l'appropriation de l'univers du travail de la part
des collaborateurs et leur sentiment d'appartenance à une
même organisation. À cet égard, le choix significatif de l'article désigne à la fois un groupe et son ensemble ; il illustre les
confrontations entre les groupes qui composent l'entreprise.

La culture d'entreprise est en fait le produit des interactions
complexes entre les groupes qui y vivent. Elle est un jeu
d'acteurs dans un système, comme l'ont démontré Crozier et
Friedberg[2]. Pour ces raisons, les entreprises sont toutes des
systèmes aux cultures différentes mais dont les ingrédients
sont identiques : un groupe d'appartenance, fait d'un même
langage, d'un mode de comportement, de signes de reconnaissance, de croyances, de valeurs, du partage d'une histoire,
d'une identité commune et d'un même nom.

---

1. Les Echos – Série limitée n°7
2. Michel Crozier, Erhard Friedberg, *L'Acteur et le Système*, Le Seuil, 1981.

### Culture d'entreprise et marque patronymique

Les éponymes (étymologiquement les fondateurs qui donnent leur nom à l'entreprise qu'ils créent) ont une conscience aiguë de leur existence et sont convaincus que leur action va faire la différence. Ce sont des hommes-clefs qui édictent leurs normes en autant de valeurs. Leurs fortes convictions rassemblent les collaborateurs, les rallient à leurs objectifs et les incitent à donner le meilleur d'eux-mêmes dans une action totalement dédiée au service de leurs projets.

Il en résulte un sentiment d'appartenance et un sens de la communauté réunis dans l'affect. De plus, quand les membres de la famille fondatrice sont ensuite toujours présents, un irremplaçable supplément d'âme est lié à l'entreprise patronymique dont le nom est celui d'une personne, elle-même personne-entreprise.

La marque patronymique appartient à une catégorie d'entreprises dont la culture est partie intégrante d'une personne ou d'une famille fondatrice : une culture identitaire, spécifique, unique.

### Difficultés des familles

Les marques patronymiques appartiennent le plus souvent à des entreprises éponymes dont une famille contrôle la stratégie par l'organisation du capital. Des entreprises familiales donc, qui sont largement majoritaires dans le tissu d'entreprises national mais dans un contexte fortement concurrentiel où aucune faute de gestion ne peut être commise. Leur survie à long terme est compromise si certaines règles ne sont pas respectées et nombre d'entre elles ont disparu pour plusieurs raisons qui restent des difficultés potentielles connues :

- un contrôle familial du management faible ou excessif
- des réticences à transmettre l'entreprise au moment adéquat
- un manque de préparation de la succession
- des rivalités intestines
- une incapacité à anticiper les changements

– un manque de maîtrise des coûts
– une insuffisance des méthodes de gestion.

> « Pourquoi présenter toute la famille sous des couleurs idyl-
> liques ; la vie n'est pas une bibliothèque rose et il serait
> incroyable que tous les Wendel aient toujours eu toutes les
> perfections... les éloges ne portent que s'ils laissent place, à
> l'occasion, à la critique. » déclarait Maurice de Wendel à pro-
> pos du contenu d'une plaquette à publier pour les 250 ans
> de la Maison (1954)[1].

Comme les images, les idées reçues ont la vie dure. L'opinion
tend à confondre les entreprises familiales avec des entreprises de moyenne ou de petite taille, voire artisanales, mal
gérées, au management archaïque et autoritaire qui ne laisse
aucune initiative aux collaborateurs.

Le cinéma des années 1970 qui caricaturait des « fils de familles », de même que la littérature ont ainsi marqué les esprits.
Tantôt héros, tantôt tyrans peu scrupuleux, les dirigeants et
leurs familles sont inégalement perçus. Donnons pour exemple *Les Buddenbrook,* le « Déclin d'une famille », roman que
Thomas Mann écrivit en 1901 (il avait 26 ans) que le sens
commun s'est approprié dans la formule populaire : « La première génération construit, la deuxième consolide, la troisième dilapide ».

Il est vrai que des familles-entreprises ont disparu pour raison
d'incompétence ou de querelles d'héritiers. Ceci fait l'objet
d'études d'organismes qui se préoccupent de la compréhen-
sion et du fonctionnement des entreprises familiales dans le
monde, universités américaines en tête, l'IMD de Lausanne,
l'INSEAD de Fontainebleau ou Paris Dauphine entre autres,
qui éclairent de leurs travaux les réflexions des dirigeants
familiaux... Aujourd'hui, les familles organisent des pactes
d'actionnaires pour préserver la stabilité du capital et son
corollaire, la stabilité du management.

---

1. *François de Wendel* – Denis Woronoff. Presses de Sciences Po. 2001

# 6. Ceux qui signent : la force de l'engagement

« Par une étrange contradiction, la première chose qu'on fait, quand on crée une société *anonyme*, c'est de lui trouver un nom. Mais, par une singulière fatalité, on ne lui trouve le plus souvent que des initiales. »[1]

On peut décider de donner son nom à son entreprise ou de rester dans l'anonymat. Pourquoi ? Pour désigner leur entreprise, les créateurs anonymes choisissent avec pragmatisme une appellation évocatrice de leur activité. Ces baptêmes relèvent de stratégies différentes des créateurs éponymes animés du désir de transmettre à leurs héritiers non seulement un nom, mais aussi une entreprise, une marque, une histoire, leur constituant ainsi un capital qu'ils utiliseront à leur tour en fonction de leurs choix.

Parce que l'homme pré-existe à la marque, la foi entrepreneuriale commande au fondateur de signer ses réalisations de son nom. La signature a pour effet : 1. d'engendrer une identification entre la marque et le fondateur, 2. d'établir une confiance implicite avec le consommateur. Le nom n'est plus une simple nomination mais devient incarnation de la marque. Tout est personnalisation, rien n'est le fruit du hasard : ici réside la particularité de la marque patronymique en termes de gestion.

Cette identification implique une plus grande motivation, une plus forte responsabilité et un engagement personnel plus important pour le porteur que pour le non porteur du nom de marque. Cette dimension rend le dirigeant éponyme inévitablement prisonnier de son succès : il ne peut décevoir ni le marché, ni lui-même. La marque patronymique aurait donc un caractère enfermant, la restreignant dans ses actions les plus nécessaires.

Le triptyque marque/homme/entreprise forme un ensemble qui se définit comme une personne dont le comportement

---

1. Auguste Dutœuf, *Propos de O.L. Barenton, Confiseur.*

est celui d'un acteur. Cette incarnation totale, presque terrifiante, nous amène alors à nous demander si la gestion des marques patronymiques ne contient pas une part d'irrationnel ? Certes, cette identification créateur/marque fascine et participe au côté attachant des marques patronymiques mais, pour ne pas tomber dans une gestion irrationnelle, en fonction de leurs passions et de leurs caprices, les dirigeants éponymes doivent respecter certaines règles de gestion. Ils doivent assurer une cohérence parfaite entre leurs valeurs et leurs objectifs professionnels et financiers. Ils doivent travailler leur image personnelle autant que celle de leur marque. Il leur faut également éviter de succomber à une tentation passéiste qui magnifie le passé, oubliant l'avenir et l'innovation.

Le challenge de la marque patronymique consiste donc à s'adapter, tout en mettant en avant sa caractéristique historique. Avec le temps, le nom patronymique, au début naturel et sans intérêt marketing particulier, devient une valeur ajoutée pour la marque.

## 7. Du nom à la marque patronymique

### 7.1. Comment nos noms se font-ils formés ?

L'homme a été souvent désigné par la terre, d'après son lieu d'origine, et la terre par l'homme, en particulier le domaine d'après son propriétaire, ou par un sobriquet rappelle Albert Dauzat qui nous a éclairés sur l'origine des noms de famille dans son *traité d'anthroponymie française*. Ainsi Yquem, nom d'un ancien propriétaire qui a donné son nom à un de nos vins blancs les plus célèbres.[1]

#### Noms et sobriquets

Les noms se sont formés en plusieurs périodes. Le nom unique correspond à la période du $V^e$ au $X^e$ siècle quand le bap-

---

1. Albert Dauzat. *Traité d'anthroponymie française. Les noms de famille de France*, Paris, 1945. Page 17.

tême imposait un nom à celui qui se convertissait à la religion. Le sobriquet, ou surnom, se développe ensuite jusqu'au XIII<sup>e</sup> siècle. À cette époque, le sobriquet devient utile pour désigner des homonymes, mais il désigne le plus souvent des caractéristiques physiques, des qualités ou des défauts, la fonction ou la condition, quelquefois des noms d'animaux ou de végétaux liés à la personne.

Le sobriquet devient héréditaire du XII<sup>e</sup> (règne de Philippe Auguste) au XVI<sup>e</sup> siècle et fixe les noms de famille. En premier lieu, les nobles vont user du surnom en ajoutant à celui-ci le nom d'une terre ou d'un fief qui deviendra héréditaire. Cependant rappelle Paul Fabre [1], ce surnom n'a pas encore le visage que connaissent nos noms dans l'état-civil et il reste une *désignation accessoire*, le vrai nom étant le nom donné au baptême.

## L'état-civil

Cet usage s'inverse au XVI<sup>e</sup> siècle quand le surnom prend la première place pour devenir nom de famille et le nom personnel, ou nom unique, devient prénom.

François 1<sup>er</sup> demande alors aux curés des paroisses de tenir « des registres en forme de preuve des baptêmes, qui contiendront le temps et l'heure de la nativité ». Cette obligation fonde alors l'état-civil : on ne s'appelle plus *Chrétien* (nom) *de Troyes* (surnom d'origine) mais *Clément* (prénom) *Marot* (nom de famille).

Le surnom devient *nom de famille* (cette appellation naît à peu près avec la Renaissance) ou *nom patronymique* ; c'est lui qui devient, peu à peu, le véritable *nom*. La législation royale établit ensuite ce nouvel usage en droit de façon définitive.

---

1. *Les noms de personnes en France.* Paul Fabre. PUF, 1998.

### L'exemple de Lafarge

■ « C'est au bord du Rhône, au nord de Viviers, que se trouve le petit fief de Lafarge, vendu en 1749 à Claude-François Pavin dont les descendants se sont enracinés entre le Teil et Viviers.*(Un autre Lafarge est un nom de lieu en Dordogne)*. Après l'achat de Lafarge, une branche des Pavin a uni à son patronyme le nom de ce fief, selon une coutume ancienne qui permettait de différencier les branches et relevait moins du snobisme que des traditions vigoureuses associant une famille à une terre. La branche aînée portait le nom de Pavin de Fontenay. »[1] ■

### Et de Du Pont

■ De même pour la célèbre firme DuPont de Nemours, fondée par le français immigrant Eleuthère Irénée du Pont de Nemours (ancien élève de Lavoisier) en 1802, dont le surnom est devenu nom. ■

## 7.2. Formation des marques patronymiques : typologie linguistique

Les marques patronymiques ont toutes une histoire généralement liée à celle de leurs fondateurs.

Dans les cas les plus simples, elles portent le patronyme qui leur a été donné à la naissance, ce qui leur garantit une totale et forte lisibilité.

Elles sont aussi le résultat de l'ajustement de variables linguistiques quand prédomine la recherche d'un meilleur impact phonétique, l'efficacité et le rendement du message qu'elles représentent sur le plan de la communication.

### La mythologie

Est-ce par hasard si deux détergents modernes ont été baptisés de noms mythologiques ?

*AJAX* : du nom de deux héros de la guerre de Troie, l'un d'eux donna son nom à une des douze tribus d'Athènes.

---

1. Pierre d'Ambly, op. cité.

*ARIEL :* nom symbolique de Jérusalem et d'un autel. Pour Pierre Larousse dans son Grand Dictionnaire Universel, c'est aussi le nom d'un mauvais ange.

### Des prénoms de circonstance(s)

*ANDRÉ :* En 1904, la famille Lévy rachète deux magasins, propriété de la famille Barroussel, ouverts à Paris sous cette enseigne en souvenir d'un fils disparu.

*BEN & JERRY'S :* de Ben Cohen et Jerry Greenfield qui vendent plus de crèmes glacées que d'essence dans la station service qu'ils ont achetée en 1978.

*CYRILLUS :* Ancienne hôtesse de l'air, femme d'officier, Danielle Telinge se lance en 1977 dans la création de vêtements pour habiller ses enfants à son goût. La société est baptisée Cyrillus, dérivé du nom de son fils Cyril.

*DANONE :* En Espagne, en 1919, Isaac Carasso vend un yoghourt dans les pharmacies de Barcelone en pot de grès baptisé Danone, du nom de son fils Daniel dont Danon est le diminutif en catalan.

*MERCEDES :* une fille donne son nom à son père !
Consul d'Autriche à Nice et homme d'affaires avisé, Emil Jellinek est passionné d'automobiles qu'il revend à des amateurs. Mécontent des Daimler, il fait préparer par Wilhelm Maybach, ingénieur en chef de la firme, une voiture plus maniable qui lui est livrée fin 1900. Il rebaptise la voiture du prénom de sa fille alors âgée de 10 ans. En 1903, un décret l'autorise à s'appeler Jellinek-Mercédès.

*BANQUE ARJIL :* Contraction acronymique des prénoms d'Arnaud et de Jean-Luc Lagardère.

*SUZE :* Diminutif de Suzanne Jaspasrt, belle sœur de Fernand Moureaux, co-fondateur de l'apéritif en 1896 avec Henri Porte.

*LOUIS-DREYFUS :* Au début des années 1860, Léopold Dreyfus incorpore le prénom de son père au patronyme et se fait appeler Léopold Louis-Dreyfus.

### Les surnoms

*PECHINEY :* Henry Merle crée en 1855 une usine de soude dans le Gard à proximité immédiate des matières premières : charbon, sel de Méditerranée, calcaire. La société Henri Merle et Cie est rebaptisée peu après Compagnie des Produits Chimiques d'Alais et de la Camargue – PCAC. En 1877, Alfred Rangod, dit Pechiney, devient le gérant de la société à laquelle il donne son nom. Alfred Rangod adopte le nom de son beau-père (sa mère veuve s'était remariée) qui le poussa à l'étude de la chimie. Il fera précéder ce nom de ses initiales : A.R. Pechiney.

*PININFARINA :* Sergio Pininfarina est fils du fondateur Battista Farina, dit « Pinin », carrossier et créateur de la Carrozzeria Farina en 1930. *« C'est mon père qui a commencé. Il a travaillé très jeune. Il a travaillé pour son frère aîné et finalement en 1930, il a créé Pininfarina. Notre nom de famille est Farina, mais il voulait se différencier d'une autre usine qui était Ets Farina et donc il a fondé Ets Pininfarina : Pinin est le nom piémontais qui veut dire « petit Joseph » parce que mon père était le dixième d'une famille de onze enfants. Ça a commencé avec deux mots, Pininfarina, et ensuite devenu un seul mot en 1961. »* [1]

### Toponymes et patronymes associés

*ASTON MARTIN :* Nom venant de son fondateur qui crée la marque en 1921, Lionel **Martin**. Pilote automobile, celui-ci s'est illustré dans un certain nombre de courses à **Aston** Clinton Hill, près d'Aylesbury, dans le Buckinghamshire en Grande-Bretagne.

*DUPONT D'ISIGNY :* MM. Dupont et Roussel créent une société pour l'exploitation d'un fonds de commerce de beurre dans le le village normand d'Isigny en 1889.

*HARIBO :* L'entreprise de bonbons doit son nom à celui de son fondateur allemand **Ha**ns **Ri**egel et du nom de la ville de **Bo**nn. C'est également un acronyme.

---

1. Sergio Pininfarina – Portrait TF1 Les Echos 03/04/2001.

## Les acronymes et sigles

C'est vers le milieu du XIXᵉ siècle que les sigles font leur apparition dans les langues techniques. À l'instar du PO (Paris-Orléans) et du PLM (Paris-Lyon-Marseille), la langue du commerce et de l'industrie put désigner les établissements d'après le nom de leurs propriétaires : filatures *DMC* (Dollfus-Mieg et Cie dès 1840) rappelle Bertrand Gille dans l'*Histoire des Techniques* (p.1209)[1].

Depuis 1945, la multiplication des sigles a trouvé une nouvelle dynamique sous l'influence des modèles anglo-saxons.

L'acronyme est un sigle prononçable comme un nom ordinaire. *FACEL* est connu pour « Forges et Ateliers de Construction d'Eure et Loire », *SEB* pour « Société d'Emboutissage de Bourgogne » ; d'autres ont même été lexicalisés comme *Delco* pour « Dayton Engineering Laboratories Company », *Ronéo* pour « ROtative NEO-style », *Sopalin* pour « Société de Papier Linge », ...

## Des acronymes issus de patronymes

*AGNES B* est le prénom de la créatrice et l'initiale du nom de son premier mari, l'éditeur Christian **B**ourgois.

*BVRP* provient des initiales de **B**runo **V**anryb et de **R**oger **P**olitis.
« *À 15 et 17 ans, nous avions l'habitude de placer nos initiales sur les composants électroniques que nous nous amusions à fabriquer. Puis quand on décida de créer notre entreprise, nous avons choisi nos initiales pour désigner notre entreprise, ce qui correspondait à notre habitude de désigner nos produits* ».[2]

*EBEL* réunit les initiales du couple fondateur de l'entreprise créée à La Chaux de Fonds (Suisse) en 1911 : **E**ugène **B**lum et Alic**E** **L**évy.

---

1. Encyclopédie de la Pléiade sous la direction de Bertrand Gille.
2. Entretien de Bruno Vanryb avec l'auteur. 13/05/02.

*EPEDA :* contraction de Ehlenbeck, **P**attes et **Da**verpolster, inventeurs allemands d'un brevet qui protège la fabrication de carcasses à ressorts.

*ERREL :* à Limoges, les cafés ERREL ont été créés par **R**ené **L**aporte.

*HARPIC :* ce détergent doit son nom aux premières initiales du fondateur **Har**ry **Pic**up, installé au sud de Londres, au lendemain de la Seconde Guerre mondiale.

*HP :* Bill **H**ewlett et David **P**ackard tirent leurs noms au sort pour connaître l'ordre à donner à leurs initiales.

*JOB :* le papier à cigarettes de **Jo**seph **B**ardou.

*FIMALAC* est la société **Fi**nancière de **Ma**rc **La**dreit de **Lac**harrière.

*IKEA :* la célèbre entreprise danoise doit son nom à I pour Ingvar, K pour Kamprad, E pour la ville de Elmtaryd et A pour la paroisse d'Agunnaryd.

*LEICA* est la contraction de Ernst **Lei**tz et **Ca**mera, premier appareil photo 24 x 36 au monde commercialisé en 1925.

*LU* sont les initiales des patronymes de Jean-Romain **L**efèvre et de Pauline-Isabelle **U**tile.

*LVMH :* provient des initiales de trois célèbres marques patronymiques : Louis **V**uitton, **M**oët et **H**ennessy.

*NIL* est la contraction des initiales de l'éditrice **Ni**cole **L**attès.

*NMSD :* les associations ont donné Banque de **N**euflize, **M**allet, **S**chlumberger, **D**emachy.

*XO* est l'exergue du patronyme de son créateur Bernard Fi**xo**t.

### Contractions

*ADIDAS* est la contraction de **Adi**, surnom de Adolf **Das**sler.

*TOBLERONE :* le nom de la barre chocolatée inventée par Jean Tobler en 1908 est une contraction du nom de l'inventeur et de torrone, celui du nougat italien.

## Réductions

En règle générale, le mot est réduit de la droite vers la gauche : métro(politain), vélo(cipède), cette réduction s'accompagnant ou non de l'adjonction d'un suffixe –o (apéro, prolo).

*FURLA* est la réduction du patronyme Furlanetto, fondateur de la maroquinerie italienne.

*GANA :* la baguette aux farines multiples et assemblées comme un champagne doit son nom au maître boulanger Bernard Ganachaud de la rue des Pyrénées à Paris.

*POMA :* vient de Pomagaski, le constructeur des remontées mécaniques.

*WOZ :* vient de Steve Wozniak. Le célèbre co-fondateur de Apple a annoncé en Janvier 2002 la création d'une start-up baptisée de son nom. Cette dénomination sociale qui reprend les trois premières lettres de son patronyme est également l'acronyme de « Wheels of Zeus » : les roues de Zeus.[1]

## Fusions, acquisitions

*ROCHE BOBOIS :* il n'existe pas de famille Bobois. La famille Roche rachète à un confrère l'enseigne « Au Beau Bois ».

*UNILEVER :* la société hollandaise de margarine, Margarine Unie, fusionne en 1930 avec un fabricant anglais de savon, Lever Brothers.

## Les matronymes

Sans les femmes, certaines entreprises auraient disparu.

Prématurément veuves, trop tôt projetées à la tête d'une entreprise, des femmes courageuses doivent faire face à la succession et assurer un « management de transition ». Le temps nécessaire pour préparer la génération montante à prendre les commandes, elles sont amenées à transformer la dénomination sociale et à diriger l'affaire sous leur nom :

---

1. Onoma. La lettre des marques n° 38.

*VEUVE CLIQUOT, VEUVE LAURENT-PERRIER,* Anne-Rosine *NOILLY-PRAT, MARIE BRIZARD...*

*Giulia BUITONI :* Sansepolcro, Toscane, 1827. « *Mamma Guilia* » prépare des pâtes à base de semoule de blé pour toute sa famille et le village dont le barbier n'est autre que son mari. Veuve, elle décide de commercialiser sa modeste production. L'industrialisation de la pâte alimentaire est née.

### Anagrammes

*NOREV* est l'anagramme du patronyme d'Emile Véron, le fondateur.

### Aptonymes

Un aptonyme se définit comme étant le nom d'une personne qui possède un lien étroit avec le métier ou la profession qu'il exerce, comme Alain Robinet, authentique plombier à Saint-Maur (Indre).

Nous devons ce néologisme à Franck Nuessel, professeur de linguistique à l'Université de Louisville, Kentucky (*The Study of Names,* Greenwood Press, 1992).[1]

Les cas sont rares dans l'entreprise, mais le doyen des producteurs de vins de garage, Jean-Luc Thunevin.

### Phonétique et phonologie

*DOW JONES :* Charles Milford Bergstrasser avait conscience des difficultés de prononciation de son nom. C'est pourquoi ceux de Charles-Henri Dow et de Edward Jones sont retenus pour la société d'information financière qu'ils créent en 1882 et baptisent Dow Jones & Co.

*PAUL PREDAULT* est la francisation du patronyme Prédo.

*RALPH LAUREN :* de son vrai nom Ralph Lifshitz. Ce serait sur les conseils de son frère Jerry que les garçons Lifshitz, fils

---

1. Centre canadien des aptonymes.

de Franck Lifshitz, immigré russe installé à New-York, changent de nom et deviennent Lauren.

*WAL-MART* : réduction du nom du fondateur Sam Walton et précision de son métier : le marché.

## 7.3. Du nom propre au nom commun

### *Anthropomorphismes et lexique*

Beaucoup d'hommes ont laissé leur nom aux attitudes, initiatives, inventions ou produits qui étaient les leurs et que l'usage a retenus. Les lois du langage répondent de manière pragmatique aux noms qui s'imposent. Comme l'entreprise, la langue s'adapte à l'exigence de son marché, en l'occurrence les locuteurs.

Par ellipse, substitution ou le plus souvent recherche d'économie et d'efficacité dans l'expression, les mots qu'adopte l'usage sont le reflet du dynamisme humain qui enrichit irréversiblement le lexique.

### Attitudes

Boycott (l'Irlandais mis en quarantaine), cardigan (qui coupa son pull), lavallière (qui faisait son nœud), sandwich (qui ne quittait pas le jeu), silhouette (le « croqueur » de portraits)...

### Initiatives

Guillotin(e), pinard, poubelle, vespasien(ne)...

### Procédés

Appert-isation, chaptal-isation, galvani-sation, pasteur-isation ...

### Inventions et produits

Ampère, bakélite, bic, bissel, borsalino, bottin, chatterton, cracker, diesel, frisbee, gibus, godillot (et godasses dérivées), jacquard, jaccuzi, kir, mach, macadam, mackintosh, massicot, micheline, montgolfière, opinel, prasline, quinquet, ripolin, sandow, stradivarius, saxophone, tilbury, velpeau, watt, zeppelin...

## *Patronymes et lexicalisation*

### La technique

L'emploi d'un nom propre (...) dans une fonction descriptive est depuis la fin du XVII$^e$ siècle un usage caractéristique des langues techniques.

La construction prépositionnelle est alors classique pour les dénominations scientifiques (thermomètre de Réaumur et balance de Roberval) [1].

### L'industrialisation

La construction directe à partir de noms de personnes, inventeurs ou parrains apparaît avec l'industrialisation : procédé Solvay, fonte Martin, papier Canson, pétrole Hahn, poêle Godin, wagon Decauville, wagon Pullman ; soit encore pour les plus récents, de noms de marques ou d'entités : compteur Jaeger, carburateur Zénith, freins Lockeed.

### Le marketing

L'innovation permanente et les lois du marché remodèlent notre langage. Sous l'influence des techniques du marketing et de la publicité, la construction directe par une désignation objet-nom propre (de l'huile Lesieur, une barre Mars, du concentré Nestlé, une soupe Maggi) s'étend au nom propre seul : un Barbour, une Lacoste.

Puis, dans un champ lexical correspondant au contexte de son utilisation – en d'autres termes où l'occurrence devient l'utilisation probable – le nom propre finit par se désigner par sa marque-produit : dans un débit de boisson, c'est un Perrier qui est commandé, un Ricard (sinon rien, dit le slo-

---

1. *Histoire des techniques* – op. cité, p. 1185.

gan), un Ricqlès ou un Schweppe's... et dans la rue, les auto-mobiles sont désignées directement par les noms des constructeurs : une Citroën, une Ferrari, une Ford, une Lan-cia, une Peugeot, une Porsche, une Renault, une Rover, une Skoda, une Toyota...

### Faux amis

D'autres produits devenus génériques sont attribués par erreur à des inventeurs. Ces produits ont été baptisés par les entreprises qui les ont créés. Les plus fameux sont le Frigi-daire inventé par General Motors en 1922, le Klaxon par la firme américaine du même nom en 1911, le Kleenex est attesté en français en 1965. Quitte à décevoir certains lecteurs, Mon-sieur Frigidaire n'a donc jamais existé, pas plus que Messieurs Kleenex ou Klaxon.

## 7.4. Le Capital Sonore®

« Guillaume et Lebas, ces mots ne feraient-ils une belle raison sociale ? On pourrait mettre *et Compagnie* pour arrondir la signature. »[1]

La formation des marques patronymiques a montré dans sa typologie comment des fondateurs ont recherché un nom qui « passait bien » en modifiant leur patronyme comme le fit Ralph Lauren.

Euphonie ou recherche d'efficacité ?

La famille Toyoda transforma aussi son nom pour une déno-mination sociale plus sonore : *Toyota.* C'est un cas d'école. Le changement de consonne correspond au choix d'un trait pertinent qui confère à la marque un avantage concurrentiel inattendu par sa nature phonétique.

Lorsqu'il n'existe pas de volonté fondatrice comme dans le cas de Toyota, l'usage tend à réduire les noms composés vers celui qui sera le plus simple à mémoriser, résultat de l'effica-

---

1. Balzac. *Maison du chat-qui-pelote.* Œuvres. T. I, p. 39.

cité recherchée dans l'énonciation d'une marque : **DuPont** *de Nemours*, **Martini** *& Rossi, Pernod* **Ricard***, Studios Walt* **Disney***, Alfred* **Dunhill***,* **Moët** *& Chandon, Louis* **Vuitton***, Christian* **Dior***,* **Cerruti** *1881.*

Certains noms « accrochent » par leur prononciation : *Arcelor, Bic, Coca, Decaux, Kodak, Ricard, Roquette...*

Par ailleurs, d'autres noms se positionnent avec équilibre alors qu'ils ne représentent aucune aspérité à la prononciation, comme *Avantis, Bonduelle, Danone, Lanvin, Peugeot, Poilâne* ou *Vivendi...*

En outre, « *Caprice des Dieux* » aurait pu s'appeler « Délice des Dieux ». Caprice ou délice évoquant ici à peu près la même chose.

L'évocation d'un nom ou la recherche d'une prononciation universelle ne suffisent pas à l'efficacité de ce nom. C'est la prononciation qui conditionne la mémorisation. Un nom porte en lui-même son propre impact et sa capacité de mémorisation à partir de sa formation, c'est-à-dire de l'agencement des consonnes et des voyelles qui le composent.

Ainsi Harpic et Monsieur Propre « impactent » plus que Javel, leur produit concurrent. Mais Lacroix qui accompagne Javel permet de mieux mémoriser le produit ancien concurrencé par de nouveaux...

La marque est un vocable. Sa prononciation est mesurable. Cette valeur phonétique est le Capital Sonore de l'entreprise.

### En quoi le Capital Sonore est-il nécessaire ?

Parmi les critères extra-financiers, l'évaluation phonétique du nom participe à la mesure de la performance de l'entreprise. Un nom étant lui-même plus ou moins performant sur le plan phonétique en raison de ses caractéristiques sonores et de sa capacité de mémorisation.

**Quelle méthode de mesure ?**

Le Capital Sonore se mesure sur des critères invariants qui relèvent de l'architecture phonétique du nom, associés entre autres critères, à l'organisation du capital et à la renommée.

En résumé, le capital sonore est un actif immatériel. Intégré au développement de la marque qu'il valorise, il devient un enjeu d'évaluation et de stratégie de l'entreprise.

## 7.5. La rareté du nom

Le paysage économique est rempli d'étoiles, de pommes, de lions, de coquillages, de figures géométriques et même de virgules (le « swoosh » de Nike).

Ces représentations sont pour beaucoup dans le succès des entreprises qu'elles symbolisent. Blason industriel pour les entreprises dynastiques, œuvre d'un artiste ou d'un graphiste pour les autres, le logo est un élément de l'identité visuelle qui elle même contribue à l'identification d'une firme.

Un autre élément est le style, qui façonne les produits dans lesquels une marque de fabrique se reconnaît instantanément. Le style est une estampille esthétique. Il signe un produit et déclare son identité, c'est-à-dire qu'il aide à reconnaître la marque de ce produit dont on peut alors prononcer sans hésitation le nom.

Le nom jouit d'une perception objective, quelles que soient les évolutions de son graphisme, et les pièces d'identité visuelle qui l'entourent ne font que confirmer cette perception.

Le générique de l'émission « Culture Pub » sur M6 en apporte à chaque fois la preuve : la succession des logos présentés avec d'autres noms démontre que la confusion sous-jacente qui est proposée est impossible. C'est supercherie.

Le logo présenté avec le nom d'une autre marque ne peut pas revendiquer une autre identité car le logo n'est qu'un élément de l'identification. C'est une image aussi présente qu'absente mais qui n'est pas l'identité.

En revanche, un nom présenté dans son plus simple appareil graphique n'a plus besoin de ses atours pour désigner. Il se suffit comme empreinte : présentez Bibendum et l'on vous répondra Michelin ; prononcez Michelin et vous pouvez tout à coup vous dispenser de Bibendum.

Le nom et le nom patronymique en particulier s'offrent une permanente identité faite de constance et d'objectivité : c'est leur rareté.

### Le nom : la valeur des valeurs

Valeur des Valeurs, le nom est le condensé de l'image, de l'identité et des valeurs qui sont associées à une marque ou à une entreprise. Le nom est une force. Le nom marque comme un impact et reste la façon la plus importante et la plus puissante pour imposer son porteur, le reste n'est qu'extension.

Le nom s'impose parce qu'il pré-existe à la marque qui le porte et la transcende. C'est ainsi que la cotation ou l'entrée en Bourse d'une marque patronymique suppose de valoriser cet élément permanent et prédominant de l'identité et du patrimoine qui se place au cœur des valeurs de l'entreprise.

D'ailleurs, les litanies de la Bourse sur les antennes l'illustrent magistralement. Isolé de tout contexte, l'énoncé de chaque entreprise, de chaque valeur en l'occurrence, fait apparaître en une fraction de seconde une image, une identité et des valeurs.

### Le nom est confiance

Un nom dont on sait qu'il est celui d'une personne ou d'une famille faisant référence dans son activité inspire le respect. Derrière le nom, c'est l'engagement et l'autorité de son porteur qui s'affichent à travers les actes que juge son environnement.

> Auparavant, « se faire un nom » signifiait gloire. Aujourd'hui, son emploi est beaucoup plus restrictif et désigne la notoriété dans un domaine bien précis (le cinéma, l'entreprise, le théâ-

© Éditions d'Organisation

tre, le sport...). Le nom correspond ici à une valeur sociale, il est l'objet d'un travail et représente un capital.[1]

De cette manière, les actions qui se réalisent dans l'honnêteté et le courage ont l'avantage de réduire les attitudes trop opportunistes. Ainsi naît la confiance, comme celle de la parole donnée qui s'exonère des mémos ou des messages qui se transmettent par le web entre bureaux mitoyens.

Dans la relation qui s'établit entre les biens et les services attachés aux individus, le nom d'une personne qui est celui d'une marque est donc capable d'inspirer une confiance irrationnelle, ou un inestimable rapport basé sur l'*intuitu personnae*.

Un livre paraît toujours « chez » un éditeur désigné par son nom, comme les banques gardent dans la mesure du possible leurs noms d'origine qui ont fait leur réputation et leur renommée.

1. Grand ROBERT de la langue française.

**Isabelle** MAGNARD

*Presque toutes les marques d'édition scolaire portent le nom de leur fondateur : Hachette, Nathan, Bordas, Hatier, Belin, Delagrave, Foucher, ... ou Magnard. (...)*

*En cela l'édition scolaire privilégie sans doute, comme les autres secteurs de l'édition française à commencer par la littérature, la relation de confiance établie et capitalisée sur le nom du fondateur. Fondateur la plupart du temps issu du métier, soit libraire, soit enseignant.*

*Quand la marque est un nom, c'est aussi une personne. Dans son autobiographie, Pierre Bordas évoque : « Ma génération aura sans doute été la dernière dans laquelle une maison d'édition, c'était d'abord une personne. Dargaud, c'était Georges Dargaud, et Nathan, c'était Fernand, puis Jean-Jacques Nathan. Robert Calmann dirigeait Calmann-Lévy, Robert Laffont dirigeait la maison Laffont, et René Julliard la maison Julliard. »*

*À la génération de Pierre Bordas vivait mon grand-père Roger Magnard, fondateur de la maison, fils d'une institutrice, époux d'une libraire, vendeur en papeterie dans une première vie avant d'avoir une idée, née de ces trois métiers. Il inventa en effet les fameux cahiers de vacances qui ont depuis plus de cinquante ans remplacé les austères manuels pour accompagner les enfants de façon plus ludique dans leurs révisions d'été.*

*Les Editions Magnard ont été fondées sur cette idée, et ont longtemps été identifiées à Roger Magnard, jusqu'à son décès en 1973. (...) C'est aujourd'hui moi, la fille de Louis, qui dirige les Editions Magnard, après avoir été nommée en 1995 PDG de la maison perdue (le capital)... et retrouvée (le métier, les auteurs, les collaborateurs, les collections). Chose rare dans l'histoire plutôt masculine des sagas d'entreprises familiales, (...) j'étais la seule à définir et produire les collections scolaires et parascolaires, métier sans doute jugé moins « interchangeable » par l'actionnaire qui ne connaissait pas ce nouveau secteur.*

*Les nouveaux auteurs, les enseignants rencontrés dans les réunions pédagogiques, sont toujours surpris d'apprendre qu'il existe une « vraie » Madame Magnard, car ils ont*

/.../

*/.../*

Témoignage

*l'habitude de surnommer « Monsieur Hachette » ou « Madame Nathan » soit les actuels dirigeants de ces maisons, soit plus modestement pour les libraires ou les enseignants, les représentants commerciaux ou délégués pédagogiques de ces maisons qui leur rendent visite.*

*Je mesure alors et toujours l'impact – intact – du nom. Soit mon interlocuteur est en discussion avec la maison et il se tourne vers moi comme si son interlocuteur précédent n'avait plus aucune raison d'être, soit il cède au plaisir de faire revenir tous ses souvenirs liés à la maison, prenant à témoin ma forcément longue mémoire. Je me plais d'ailleurs souvent à dire que je ne parais pas tout à fait mes 69 ans ! »* [1]

## 7.6. Origines attestées de noms devenus des marques

| Formes anciennes | Noms de lieux actuels portant ces noms |
|---|---|
| *Noms de baptêmes* | *Toponyme équivalent actuel* |
| Alibert : dans la région de Toulouse, domaine des Wisigots : brillant, illustre.<br>Amaury : Amal-Rik, nom d'une famille de rois gouvernants et rik : puissant.<br>Artaud : dérivé de fort.<br>Droz : modification en Franche-Comté de drog, combattre.<br>Gibert : flèche ou rayon brillant. | *Un Gibert en Lozère* |
| Heudebert : combat brillant.<br>Maury : même origine qu'Amaury après apocope faisant tomber le a. | |

---

1. Isabelle Magnard. Entretiens avec l'auteur. Juin 2002.

Ricard : le roi (racine indo-européenne) et riche, sens dérivé spécial au germanique où cette valeur l'a emporté. Prototype normanno-picard et méridional de riche.

### Noms chrétiens

Andriveau : dérivé du prénom André, viril.

*Un Andriveau en Dordogne*

Danon : diminutif de Daniel, dérivé de Jourdain.
Jourdan : nom de baptême, emprunté à Jourdain.
Mariott : dérivé de Marie.
Mars : surnom du semeur de grain en mars.
Masson, Massin : dérivés de Thomas.
Parizot : forme populaire de Patricius, Patrice.
Pernod : dérivé de Pierre.
Privat : de Privatus, privé, évêque de Mende et martyre au III$^e$ siècle.

*On dénombre 13 Saint-Privat en France*

Vidal : forme populaire de vitalis (vital : relatif à la vie).

*Un Vidal en Corrèze et un dans le Lot*

### Noms chrétiens d'origine grecque

Christofle : de Christophorus, surnom d'un saint, qui porte le Christ.
Doré (et Doré, DD) : de Théodore, don de Dieu.
Nicolas : de Nicolaus, victoire et peuple, un des saints les plus populaires à la fin du Moyen Age.

### Noms hébreux

Mathis : variante déformée de Matthieu.
Michelin : de Michel, adaptation de Mikael.
Nathan : le don.

### Origines germaniques

Berthillon : dérivé de l'allemand Berht, brillant.

Brandt : l'épée, se rencontre fréquemment en finale de nom.

Gillette : prénom féminin d'origine germanique, dérivé de Gisla ou de Gille.

Heinz : forme allemande de Henry.

Hornby : de *Horn*, corne.

Oddo : d'un nom germanique (Od) avec consonne redoublée. Vient de *auda* : la richesse ; a donné la variante Odoul.

Seagram : corbeau de la victoire, métaphore à valeur sentimentale.

Schneider : tailleur.

### Noms individuels du Moyen-Âge

Levassor : le vassal.

Leclerc : valeur appellative. A dû désigner les clercs, c'est-à-dire les tonsurés, jouissant du privilège de clergie.

Lombard s'applique à tous les italiens immigrés (changeurs, usuriers).

Sibille : la sybille païenne enrégimentée parmi les prophètes du Christ.

### Sobriquets

Appert pour l'esprit ouvert, intelligent.

Cassegrain pour meunier.

Cointreau pour joli, élégant (de cointe : vaniteux, rusé au XIII-XIV$^e$ siècle).

Lamy pour l'amant.

Rothschild, bouclier rouge, était une enseigne de boutique.

### Noms communs à valeur topographique

Béal : dérivé de canal, en français le bief, le béal dans le lyonnais.

Bosc : du méridional Bois.

Bouygues : terrain en friche, en bas latin.

*Les Bouygues, en Aveyron*

Deveaux : fixé dans les vallées.

Ducros : fixé dans le creux.

Lacoste : fixé au coteau ou à la colline, dans le midi.

*Un Lacoste dans l'Hérault et un dans le Vaucluse*

Puget : dérivé topographique du bas latin *Podium* : butte ou montagne.

### Noms de végétaux
Delahaye : de la haie.
Dormeuil : de l'orme planté devant la maison.
Pasquier : de pâturage.

### Noms d'animaux
Belin : surnom de bélier.
Loiseau : métaphore analogue à linotte, sans cervelle.
Poulain : devenu chocolat.

### Hérédité du surnom
Bayard : dérivé de bai, s'explique par le nom du cheval des Quatre fils Aymon, si populaire au Moyen-Âge.
Boucheron : diminutif de boucher.
Larousse : peut être aussi le nom de la femme de Leroux.
Leroux : adjectif substantivé.
Peugeot est le nouveau nom au XVIe siècle du dénommé Péquignot. Marchand de poix, ou dérivé de Pierre.

### Noms de métiers
Bridou est le bourrelier dans le centre-sud.
Carrier : marchand de pierres.
Cartier est le conducteur de char en Normandie et Picardie, c'est-à-dire charretier.
Courvoisier est dans l'Est un cordonnier.
Cusenier pour cuisinier.
Faber vient du latin *faber* : forgeron.
Lancel : variante de Ancel, nom du valet de chambre dans l'Est.

| | |
|---|---|
| Lafarge vient de la forge dans le Massif central. | *Un Lafarge en Dordogne* |
| Lefèvre vient du forgeron.<br>Lesieur vient de l'ancien sueur, cordonnier, ou sobriquet de sieur.<br>Meunier a donné Menier.<br>Rodier est le fabricant de char méridional et proprement de roues.<br>Teisseire : le tisserand.<br>Perrier : casseur de pierre. | |
| *Particularités vestimentaires et objets divers*<br>Bottin : diminutif de botte.<br>Chapron : surnom du chapeau.<br>Cherreau : l'homme de la charrue.<br>Courrège(s) : pour un champ long et étroit. | |
| *Situation de la maison*<br>Bordas : de la ferme | *Un Bordas dans la Creuse et un en Dordogne* |
| Dupont et DuPont s'expliquent par un pont. | |

**Noms latinisés**

Vers le XVIᵉ siècle, la mode latinisante sévit dans une grande partie de l'Europe et il était de bon ton de latiniser son nom pour lui donner plus de distinction et plus de relief.

Dollfus, latinisation de Dolf, abréviation de Adolf.

### Une illustration de l'évolution d'un nom : SAINT-GOBAIN

« Saint-Gobain n'est pas un site comme les autres. Quand ce toponyme désigne, dans la réalité, une bourgade d'un peu plus de deux mille âmes, il est au contraire, pour le sens commun, synonyme d'industrie, pour avoir un jour donné son nom à un grand groupe, verrier à l'origine, de renommée devenue très vite internationale puis mondiale.

Du toponyme à l'éponyme : l'endroit ne s'est pas, aujourd'hui encore, départi de la riche empreinte du Temps. Au cœur de ce qui fut, il y a longtemps, l'immense forêt gauloise, naquit d'abord un village assis sur l'un de ces plateaux calcaires légués par les érosions de l'ère tertiaire. Goban, Gobanus, Gobain : un ermite d'origine irlandaise, un de ces évangélisateurs colombaniens qui ont sillonné le nord-est de la Gaule au VIIᵉ siècle, y fut martyrisé vers 670 par une bande de barbares en maraude et a donné son nom, latinisé puis francisé, au site. » [1]

## Du patronyme au toponyme

### Decazeville
De Decazes, conseiller de cabinet de Napoléon Bonaparte, nommé duc et Pair sous Louis-Philippe.

Decazes était d'une intelligence pratique et « n'en gardait pas moins sa place et son influence à la Chambre des pairs (NDLA de 1834 à 1848), où il remplissait maintenant les fonctions honorifiques de grand Référendaire, acquérait dans l'Aveyron des forges et des mines de charbon, qui bientôt, grâce aux commandes de rails pour le chemin de fer, allaient donner naissance à l'agglomération industrielle de Decazeville, » [2] qui lui doit son nom.

### Blériot-Plage
Le cas de Blériot-Plage est plus récent. L'ancien village dénommé Les Baraques a été rebaptisé peu après la première traversée de la Manche par le célèbre avionneur le 25 juillet 1909 sur son Blériot XI. [3]

---

1. Maurice Hamon et Gérard Paul-Cavallier. *Carnet de voyage à Saint-Gobain.* Novembre 2000.
2. E. Beau de Loménie, *Les Responsabilités des Dynasties Bourgeoises.* T1. p. 131. Editions Denoël, 1943. La Librairie Française, 1977 by J.G. Malliarakis.
3. Louis Blériot petit-fils. Entretien avec l'auteur. Août 2000.

## Autres formes de noms anciens relevés dans la toponymie française

*Aubercy* dans la Meuse ; *Doux* dans les Ardennes et les Deux-Sèvres ; *Entremont* en Haute-Savoie et en Haute-Loire ; *Eyroles* dans la Drôme ; *Glénat* dans le Cantal ; *(Le) Clayeux* dans l'Allier ; *(Le) Pasquier* dans le Jura ; *Perrier* dans le Puy de Dôme et en Dordogne ; *Rateau* dans l'Yonne.

## Dans le Monde

*Haïti.* L'établissement de la colonie française à Saint-Domingue date des années 1630 quand les flibustiers français transformèrent l'île de la Tortue en une sorte de repaire où ils disposaient leurs butins. Peu à peu, ces corsaires fatigués de leurs aventures s'établirent de façon permanente sur l'île en vivant désormais des produits de leur chasse qu'ils fumaient sur un grand brasier appelé *boucan*, d'où le nom de *boucanier* qui leur sera plus tard attribué. S'installant sur la terre ferme, ces boucaniers ont donné leurs noms aux lieux qu'ils occupaient. Nombre de ces noms anciens sont des marques patronymiques contemporaines :

*Artaud, Carrier, Dupont (10), Duarte (le Pic), Doré, Doublet, Lacoste (2), Larousse (2), Leclerc (2), Masson (5), Perrier (2), Pugeot, Peujot, Rateau, Roquette.*

## Autres noms de marques patronymiques à travers le monde

– toponymes créés par les immigrés du Nouveau Monde : *Bel* en Louisiane ; *Bonduel(le)* dans le Wisconsin ; *Dupont* (26 dont 2 Du Pont en Georgie et au Tennessee) ; 3 *Gillette* ; *Ricard* dans l'Etat de New-York.

– enfin, au hasard des haltes d'un globe-trotter : *Eiffel* en Afrique du Sud, *Bic* au Québec, *Michelin* au Mexique, *Schneider* en Inde.

*J'ai donné, je donne, je donnerai
mon nom à mon entreprise*

*Témoignage*

## Ils sont contre !

**Robert Linxe** (Fondateur de la Maison du Chocolat
– Entretien le 06/06/01) :

« Pour donner son nom, il faut s'aimer et être sûr de soi,
avoir un peu d'orgueil. Donner son nom est un peu
prétentieux. »

**Sophie de Menthon** (Présidente de Multilignes Conseil
– Entretien le 25/04/01) :

« J'ai personnellement vécu cette expérience comme un
peu traumatisante. Ma société s'est appelée « *Sophie de
Menthon Conseil* » (sur les conseils de Bernard Krief)
pendant un an. J'avais l'impression d'un enfermement de
mon entreprise et d'une imposture ; devenir soi-même
une marque, nécessite d'être un peu mégalo ! Par ailleurs,
porter le nom de sa propre entreprise, c'est devenir
l'esclave de soi-même et c'est aussi la nécessité de devoir
répondre tout le temps et partout à une très forte attente, à
la fois de ses collaborateurs et de ses prospects et clients. »

**Ann-Charlotte Pasquier** (Présidente d'Aubade
– Entretien le 25/06/01) :

« Ce n'est pas parce que Pasquier serait la dénomination
sociale que je m'impliquerai plus que je le fais
actuellement. À la troisième génération, difficile de dire
qu'on serait plus impliqué si l'on portait le nom de
l'entreprise. »

Certains avocats en propriété intellectuelle sont
actuellement interrogés par des dirigeants en vue de
changer leur nom. Ceux-ci souhaitent se désolidariser de
la marque dont ils portent le nom en changeant leur
patronyme tout en maintenant le nom de cette marque.

## CHAPITRE 2

# La marque patronymique : une culture identitaire et une forte personnalité

## 1. La marque patronymique et son passé : du bon usage de l'Histoire

### 1.1. L'Histoire

L'Histoire *dans* l'entreprise (1987) a mis en garde des histoires légendes, histoires mythiques, histoires propagandes, histoires faire-valoir de soi-même. Maurice Hamon et Félix Torrès[1] ont indiqué comment l'Histoire appliquée aux entreprises permet de comprendre la naissance et les développements, puis la continuité et la cohérence d'un projet.

**De l'histoire à la légende**

■ La famille Bolloré entretient volontiers la légende autour de son histoire : « La légende (...) veut que des pêcheurs chinois lui aient transmis le secret de la fabrication du papier fin (...). Une autre mythologie bretonne a fait la renommée de l'usine Bolloré. Lors du siège de Constantine par l'armée française, une balle perdue cassa la pipe de Corentin Le Coedic, quimpérois de mère sénégalaise. Lequel n'eut d'autre extrémité que de fumer son tabac roulé dans le papier qui sert habituellement à emballer la poudre à canon. De retour à Quimper, ravi de sa trouvaille, le futé Corentin demanda aux Bolloré de lui confectionner un papier spécial. »[2] ■

1. « Mémoire d'Avenir ». Maurice Hamon et Félix Torrès. Economica. 1987.
2. *Vincent Bolloré, enquête sur un capitaliste au-dessus de tout soupçon*, Denoël. 2000.

### Histoire et adaptation dans la durée

L'histoire de l'économie le montre : tous secteurs confondus, les entreprises qui nous parviennent intactes après plusieurs décennies ou plusieurs siècles sont celles qui ont su s'adapter en permanence aux exigences de l'industrialisation, aux contraintes sociales et à celles des marchés.

---

*Témoignage*

**Vincent BOLLORÉ**

*C'est un poids de cent soixante-dix-neuf ans dont j'ai senti l'honneur et dont j'ai senti la charge. Une entreprise qui est capable de traverser une période aussi longue inspire le respect. Veiller à son évolution, c'est la pousser vers les technologies nouvelles, les inventions nécessaires et un comportement fait à la fois d'audace et de prudence.* [1]

---

Davantage que dans d'autres secteurs, des contraintes plus nombreuses (environnement, urbanisme, émergence des services...) placent la construction automobile au pied du futur, l'obligeant à anticiper et innover comme elle le fait depuis ses débuts.

Les audaces d'André Citroën étaient à la fois industrielles et commerciales. Dès la création en 1919, « le patron » rationalise l'outil de production, bouscule les méthodes commerciales : la distribution, les études de marché, la publicité. Pour faire rayonner son nom, il embrase la Tour Eiffel, transporte en croisière scientifique des savants en autochenille de Paris à Pékin. Il innove dans chacun de ses nouveaux modèles jusqu'au plus fameux qui cumule plusieurs innovations et préfigure la voiture actuelle : la « traction », du nom de l'avancée technologique que ce produit présente pour la première fois en 1934. Dépositaires des ambitions du fondateur, les dirigeants successifs ont permis la 2cv (1948) qui répondait aux besoins analysés la première fois auprès des clients potentiels, puis la DS (1955), véritable mutant aux lignes aussi

---

1. Vincent Bolloré, *Le Spectacle du Monde*, Mars 2002.

fluides que le liquide de son étonnante suspension hydro-pneumatique.

Aujourd'hui, André Citroën aurait lancé les plates-formes industrielles pour optimiser les coûts et développer ses parts de marché, afin d'atteindre le plus grand nombre comme il le voulait. Il aurait dénommé ce modèle CX, du nom du coefficient de pénétration dans l'air (Cx) au niveau jamais obtenu jusqu'à cette voiture (0,34). Il aurait choisi le nom de Picasso, signature-transfert d'un nouvel art à un nouveau style, pour affirmer la tradition d'innovation, synonyme de son nom et de sa maison.

## Histoire et culture

L'Histoire appliquée permet de définir la communauté de l'entreprise. Elle conforte le sentiment d'appartenance du personnel en place, puis des nouveaux collaborateurs qui vont le partager, mais aussi des clients et des fournisseurs qui y participent au quotidien. Dans les cas de fusions ou de rachats, elle construit la culture des nouveaux alliés autour d'un projet commun. C'est en vue d'expliquer l'origine et le métier de l'entreprise à l'ensemble des salariés rassemblés dans la nouvelle entité que l'histoire de Merlin-Gerin (la fusion réalisée en 1920 a rapproché les entreprises de Paul-Louis Merlin et de Gaston Gerin) a été écrite lors de la formation de Schneider Electric.

■ Sur la plaque vissée du 767 Addison Avenue, Palo Alto, Californie, le visiteur peut lire : « Lieu de naissance de la Silicon Valley ». C'est le garage de Bill Hewlett (mort en janvier 2000) et David Packard (mort en mars 1996) qui, avec 538 dollars en poche, se lancent en 1939 dans la fabrication d'instruments de mesure scientifique.

À mesure que l'entreprise grandit, HP se montre de plus en plus soucieux d'entretenir la légende (une archiviste est employée à plein temps). Peut-on grossir sans perdre son âme ? Le danger menaçait d'après Carly Fiorina, PDG depuis juillet 1999. Contrairement à Lew Platt, son prédécesseur qui avait séparé les activités, elle s'efforce de réconcilier HP avec ses racines, posant pour la photo devant le célèbre garage, et promet : « La start-up originelle va de nouveau se comporter comme telle », débloque des millions de dollars pour financer des bour-

ses étudiantes et des start-up dans le cadre d'un programme baptisé
« e-garage » ; et les conseils d'administration se tiennent à nouveau
près des bureaux, demeurés intacts, des fondateurs[1]. ■

■ Une bonne connaissance de l'Histoire permet également de changer de culture en cas de nécessité. C'est ainsi que Didier Pineau-
Valencienne, alors Président de Schneider, insista pour que la raison
sociale fût uniformément prononcée « Schneidair » pour marquer son
changement d'activité et la rupture avec le passé. ■

## 1.2. Fonction narrative de la marque

En exploitant l'Histoire, les marques intègrent tradition et
caractère authentique dans leurs produits pour valoriser la
culture de marque. Cette intégration est naturelle pour les
marques patronymiques, moins évidente à réaliser pour les
autres. C'est pourquoi, lors du lancement d'un nouveau produit, pour accentuer le caractère authentique de celui-ci, on
l'accompagne souvent d'un certain nombre d'histoires autour
de son nom. C'est ce que nous appelons la fonction narrative
de la marque, illustrée par la notion du récit d'origine de
Pierre et Muriel Bessis[2]. « Le récit d'origine dépasse le produit
et l'inscrit dans le sens de la vie de l'homme, la femme,
consommateurs. Le récit d'origine oblige la marque à avoir
quelque chose à dire d'autre que « achetez-moi » . Trop de
marques n'ont rien à dire sur elles et sur leurs produits. Or,
aujourd'hui, les produits qui remportent du succès sont ceux
qui véhiculent des symboles et des images. »

Des trois types de récits d'origine, deux intéressent la marque
patronymique :

• Le récit d'origine peut rattacher le nom du produit ou
  de la marque à la vie du créateur. Exemples : Céline est
  le prénom de la femme du fondateur de la marque ;
  Corolle est le dérivé de Coralie, prénom de la fille des
  fondateurs Catherine et Jacques Réfabert ; Barbara est le

---

1. La Tribune – 25/8/2000
2. Muriel et Pierre Bessis, *Les Noms qui Gagnent*, Les Presses du Management. 1998

prénom d'une ancienne petite amie du fondateur Charles Fossez, etc.
- Il peut aussi se construire autour du processus de création du nom du produit. Exemples : Cyrillus ou Danone sont des noms de marques dérivés des prénoms des fils des fondateurs, respectivement Cyril (fils de la fondatrice Danielle Télinge) et Daniel (fils du fondateur Isaac Carasso) dont « Danon » est le diminutif en catalan.

Bref, la théorie du récit d'origine s'applique à la marque patronymique lorsque les fondateurs, la famille et leur histoire influent sur le choix d'un nom. Par rapport à la marque banale qui cherche à se différencier par d'autres moyens, la marque patronymique n'a rien d'autre à justifier que sa propre histoire et celle de sa famille fondatrice. Des campagnes publicitaires mettent en scène le fondateur, comme Charles Gervais et Rodolphe Lindt. Parfois, les packagings des produits telles que les tablettes de chocolat Poulain 1848, les paquets de biscuits LU (les « Secrets de Pauline » de LU : de Pauline Isabelle Utile, femme de Jean-Romain Lefèvre, le fondateur) ou les étiquettes des champagnes Mercier rappellent l'histoire qui prouve l'existence du fondateur. Le contre-exemple est celui de Pétrole Hahn dans lequel on ne sait plus si l'histoire fondatrice est mythe ou réalité.

Charles Hahn, pharmacien à Genève, invente une lotion capillaire à base de pétrole, réputé depuis les Latins pour ses vertus médicinales. « La légende, ensuite, se mit à l'œuvre pour tenter d'expliquer cette intuition proprement géniale, ou tout au moins l'agrémenter d'anecdotes. On retrouve ainsi Charles Hahn en Géorgie, s'extasiant devant les magnifiques chevelures des ouvriers travaillant sur les champs de pétrole. D'autres parlent d'un article de *La Tribune de Genève*, consacré au même phénomène, observé cette fois sur les puits de Pennsylvanie. On aurait aussi vu le pharmacien en Roumanie. En vérité, quelle importance ? Intuition, recherche scientifique ou simple coup de chance, seul le résultat compte.(...). C'est peut-être ainsi que Charles Hahn découvrit en 1885 le Pétrole Hahn, auquel il ne donna pas encore son nom

(NDLA. Il dépose Pétrole Hahn en 1896). Il restera longtemps le Pétrole pour les cheveux ».[1]

Grâce au récit d'origine, au rattachement à une personne ou
à une histoire, ces produits acquièrent une forte personnalité,
voire une âme. La construction de récits et d'histoires autour
du produit contribue à la séduction du consommateur « post-
moderne », en quête d'authenticité. La culture de marque,
même fausse, suffit pour se transformer en avantage concurrentiel et facteur de fidélisation.

## **2.** Les valeurs et principes d'action

Domaine d'application des croyances, les valeurs morales et
intellectuelles impriment nos dispositions intérieures et per-
manentes comme le respect du travail, l'ardeur, le respect de
la personne, l'engagement social.... Les valeurs s'additionnent
sur une échelle d'estime qui place à plus ou moins haut niveau
la qualité d'une personne, ses attentes de l'existence, ses exigences de vie.

La photo des Leclerc dans les magasins n'est pas une simple
photo du père et du fils. Elle est le symbole affiché des valeurs
fondatrices d'Edouard maintenues par son fils Michel-
Edouard, garant de la politique mise en place dans le grou-
pement vis-à-vis de ses adhérents et de son public.

Les valeurs sont donc décisives pour les marques
patronymiques car elles dirigent dans une direction
constante l'activité du fondateur. Relayées par son nom,
ces valeurs deviennent des normes érigées en principes
d'action dans le domaine professionnel. Entraînées par
une courroie lignagère, elles se prolongent dans son
œuvre et l'entreprise qui lui survivent.

---

1. Daniel Bordet, Michel Pouffier. *Pétrole Hahn.* Somogy. 1993, p. 19.

> *Témoignage*
>
> **Jean-Philippe** PEUGEOT
>
> *Les marques patronymiques sont différentes au sens où elles ont sans doute plus de valeurs, plus d'histoire, car elles sont directement liées aux personnes fondatrices, ce qui permet d'avoir et de véhiculer un certain nombre de valeurs telles que le devoir, le respect, la fidélité, l'ambition, le courage, la persévérance, l'honnêteté, la modestie, valeurs auxquelles je crois. Cet ensemble permet de créer une culture comportementale. Mais il faut remarquer que le nom patronymique n'est pas forcément porteur de valeurs, il ne l'est que s'il y a dans l'entreprise des membres de la famille fondatrice[1].*

## 3. La création d'un langage commun

Le langage de chaque locuteur est sa parole. Elle résulte d'une performance, c'est-à-dire de la manière dont le locuteur s'exprime en choisissant dans le réservoir du lexique les mots qu'il articule par oral ou par écrit selon les règles de la grammaire que lui offre sa langue.

La parole trahit ainsi le locuteur. Elle dévoile l'individu dans ses intentions, sa personnalité, ses habitudes, sa culture, c'est-à-dire tout ce qui révèle son identité et le distingue des autres par ses différences.

Il en va de même au niveau du groupe. Chaque communauté ajoute au langage qui l'unit des expressions comme autant de signes, de rites ou de codes qui appartiennent à sa manière d'être ou d'agir. C'est vrai entre amis, dans un couple ou dans une famille. Cela s'observe aussi dans les écoles de commerce ou d'ingénieurs et l'ensemble des groupes qui s'organisent autour d'un fort sentiment d'appartenance en créant ses manières de parler.

---

1. Jean-Philippe Peugeot, Entretien avec l'auteur. Janvier 2001.

L'expression même d'un dirigeant peut, par mimétisme, s'étendre à ses principaux collaborateurs qui reproduisent un exemple, jusqu'à imiter son port ou sa gestuelle.

Ce sont des expressions, des tics verbaux, des mots chargés d'un nouveau sens par emprunt, élargissement ou détournement sémantique, seulement identifiables par les complices qui les utilisent à la fois et tour à tour comme protection ou barrière, moyen de marquer un territoire, de protéger des connaissances ou le pouvoir, d'évaluer l'autre, de lui interdire un accès, ou arme destinée à le blesser.

Ceci posé et comme le montre de Vecchi[1], si toute culture se reconnaît dans des expressions linguistiques qui lui sont propres, et si l'on accepte l'existence de culture d'entreprise, alors chaque culture d'entreprise doit avoir aussi ses propres expressions linguistiques qui la distinguent d'une autre. La « langue » de cette « culture » sera alors le « parler d'entreprise ».

Ce « parler d'entreprise » sera donc différent d'une entreprise à l'autre. Ainsi, deux entreprises exerçant une même activité n'utilisent pas le même vocabulaire. De Vecchi nous en donne un exemple extrait d'une enquête réalisée en 1996-1997 auprès d'opérateurs des télécommunications.

▨ Dans la variante de *Bouygues Telecom*, un commercial dirait :

« Notre opérateur vous propose une téléphonie personnelle avec des forfaits adaptes, la possibilité de télécharger vos numéros, la fonction messages, le signal de dépense et de nombreux services en composant le 888. Aussi, un service annuaire, la possibilité de téléphoner à l'étranger à partir de votre portable et même les pronostics de la météo en appelant le 886 ».

Là où le commercial d'*Itinéris* aurait formulé :

« Nous vous proposons un système de radiotéléphonie avec des formules adaptées, la technologie des derniers modèles pour inclure les numéros de votre choix, des mini-messages et de nombreux services en composant le 711. Aussi, les Renseignements directs, l'Option Monde et la météo grâce au 711 SVP Itinéris. » ■

---

1. Entretien avec l'auteur. 25/09/01.

Ces extraits sont des argumentaires commerciaux. En les analysant, il ressort objectivement que le discours de la marque patronymique est précis, aimable, respectueux du client. Plus que celui de la marque publique.

## 4. La création facilitée d'une identité

Ce qui rassemble est une éthique de travail, un « esprit maison » marqué par l'application de principes d'action différents d'une entreprise à l'autre, une « seconde famille » où se recrutent plusieurs générations de collaborateurs.

N'est-on pas « *bib* » quand on appartient à Michelin à Clermont-Ferrand ou toute autre ville dans le monde, « *proctérien* » dans l'entreprise « *où l'on vous inculque l'amour du drapeau de la compagnie* » ou membre de l'association de ses anciens (Procter & Gamble), « *à la peuge* » comme on le dit de Peugeot à Sochaux (Doubs) et aux alentours ?

---

Témoignage

**Jean-Paul MAURY**
*Quand on peut recruter un jeune d'une famille d'employé attachée à l'entreprise, le recrutement est excellent et c'est super*[1].

---

## 5. Quel avenir pour la marque patronymique ?

### 5.1. L'exigence de responsabilité et de stabilité

Capables de signer leurs produits, les porteurs du nom se responsabilisent davantage.

Avec les « fonds éthiques » et le Développement durable, est née une confusion dans les termes qui tend à rendre incompatibles valeurs morales et valeurs économiques. L'appella-

---

1. Entretien avec l'auteur – 19/04/01.

tion « fonds éthiques » a le mérite de rappeler le maintien nécessaire de valeurs. Chaque individu se questionne, en fonction de ses propres valeurs, sur les moyens de guider sa vie, de se conduire professionnellement, de diriger son entreprise de façon responsable. De façon « socialement responsable », conformément au concept de Développement durable.

Nouvel enjeu des marques, le Développement durable insuffle un comportement qui replace l'intérêt de tous : clients, fournisseurs, collaborateurs, actionnaires, collaborateurs-actionnaires, dans la manière d'atteindre l'objectif, plus que l'objectif lui-même. Ce qui fait une grande différence, car la manière d'atteindre l'objectif va guider le comportement des marques tenues de rendre compte vis-à-vis de critères que sont le respect de l'environnement, la politique commerciale, la qualité des relations humaines, la qualité des relations de l'entreprise avec la Cité. Par l'application de ces critères, les agences de rating social et environnemental n'ont pas dénoté le produit Nike fait par des enfants, mais la « marque-entreprise » Nike – la personne morale soit dit en passant – qui exploite le travail des enfants pour la fabrication de ses chaussures.

Stimulé par le désir de durer, soucieux de la rumeur et de sa réputation, plus exigeant sur les aspects déterminants pour la pérennité de son affaire, plus volontaire que contraint face aux objectifs, le responsable du nom adopte une stratégie empreinte d'une éthique qui s'impose comme une nécessaire évidence, avantage pour l'entreprise comme pour la marque. Consolidée par l'éthique et l'exigence de responsabilité, la marque devient l'aboutissement d'une démarche globale, une récompense des actions menées dans la continuité et la stabilité.

Ricard est-elle une marque éthique ? Certainement pas aux yeux des porteurs de principes, des associations ou des mouvements militant contre l'alcoolisme. Néanmoins, Ricard est une marque éthique parce qu'elle respecte son contrat avec le consommateur (la signature de Paul Ricard au dos de la bouteille engage la responsabilité du fabricant sur la qualité du produit, pas celle du consommateur qui seul décide éventuellement d'en abuser), développe depuis l'origine une politique sociale avancée (actionnariat des collaborateurs), s'engage dans la vie de la Cité et le respect de l'environnement.

Le « socialement responsable » a-t-il un coût ?

Les gestionnaires et les actionnaires savent qu'une entreprise responsable renforce son potentiel de réussite dans la durée. La Bourse reconnaît d'ailleurs qu'une entreprise où une famille-actionnaire décide de la stratégie a des « croissances de résultats et des retours sur investissement plus importants que les sociétés classiques ».[1]

### Stabilité et finances

La stabilité tient au fait qu'un ou plusieurs porteurs du nom largement impliqués dans la direction d'une affaire sont capables de contrôler les incertitudes du court terme, les réactivités de la Bourse (si elle est cotée) et de protéger le capital. En verrouillant ce dernier (par la commandite ou tout montage juridico-fiscal sophistiqué), les actionnaires porteurs du nom s'imposent comme de vrais entrepreneurs, c'est-à-dire des gestionnaires du risque capables de rester activement stables.[2]

La confiance implicite et propre à la marque patronymique décrit dans les clauses de son contrat la préservation de plusieurs intérêts. En premier lieu, ceux des actionnaires par la lisibilité financière de l'entreprise et à sa maîtrise dans le long terme, associée à leur acceptation du profit : cette lisibilité est la garantie d'une stratégie satisfaisante dans la durée. Ensuite, les intérêts du bien commun sont préservés en rendant le

---

1. Oddo Asset Management.
2. Les « hommes-marques », des valeurs légitimes en Bourse. B. Logié. Les Echos Mars 2000. Article écrit avec la collaboration de Erhard Friedberg, directeur du Centre de Sociologie des Organisations. CNRS.

personnel, lorsqu'il ne l'est pas déjà, acteur d'un système de production de valeurs et de richesses par l'actionnariat.

Enfin, les intérêts de la collectivité sont préservés par la vision d'un travail à long terme qui participe au maintien de l'emploi, à l'entretien du civisme. Réunis par un même intérêt dans les performances de leurs entreprises, les actionnaires de tous les niveaux voient leurs propres intérêts liés à l'économie entière.

### Stabilité et confiance

Des managers dont le seul capital est la carrière passent de poste en poste et d'entreprise en entreprise pour atteindre leur objectif. Ce comportement est fréquent dans les entreprises de capitaux anonymes.

À l'inverse, le porteur du nom sait qu'un mode de relation placé sur la proximité de ses collaborateurs lui donnera une valeur ajoutée et un supplément d'âme basés sur l'affect et la confiance, liée à la stabilité du capital et la stabilité du management.

### Un comportement socialement responsable

Tout comme Monsieur Jourdain faisait de la prose sans le savoir, les porteurs du nom ont intégré le Développement durable avant même que le concept n'existe. Ils l'incarnent. Chez eux, l'exigence de responsabilité est un comportement naturel.

> **Témoignage**
>
> *J'aime les marques patronymiques. Leur comportement a depuis longtemps intégré les principes du Développement durable. Elles l'incarnent*[1].

---

1. Le fondateur d'une agence de notation sociale et environnementale. Entretien confidentiel avec l'auteur, Juin 2001.

Ce comportement est le produit d'une éducation et d'une formation reçu par la transmission des valeurs civiques, morales et religieuses d'une famille et de l'environnement personnel. Animés de valeurs fortes, les porteurs du nom veilleront à ne pas salir ce nom. Totalement lisible et visible, le nom expose le porteur mais le protège en le poussant à se conduire avec une vigilance accrue.

> « *Signer des produits de son nom engage davantage la responsabilité des dirigeants éponymes. C'est une responsabilité de tous les jours envers nos clients. Parce que nous sommes éponymes, nous nous devons fournir un service et un produit irréprochables. Dans nos sociétés d'aujourd'hui, changeantes et désorientées, les marques éponymes ont plus que jamais une mission. Elles représentent un gage de qualité, de stabilité, en un mot, une valeur ajoutée au produit pour les consommateurs du monde entier.* »[1]

## 5.2. Législation et avenir

### 2.a. *La législation et la responsabilité*

Prenant en compte les changements institutionnels et sociaux de ce début du XXIe siècle, nous pouvons dire qu'avec l'évolution de l'information et des services qui l'intègrent, perce une forte exigence de responsabilité dans la vie des afffaires.

### Les changements institutionnels

Les lois NRE (15 mai 2001) demandent aux entreprises de rendre compte de leurs actions vis-à-vis de l'environnement naturel et de l'ensemble de la société par plus d'informations et de transparence. Elles appellent ainsi à une plus forte responsabilité.

---

1. Déclaration d'un dirigeant. Trophées des Eponymes. Sénat, Novembre 2000.

### Les changements sociaux

Les changements d'aujourd'hui se caractérisent par :

- Les services qui s'imposent comme un nouveau standard de production. De ce fait, le capitalisme industriel glisse vers un capitalisme culturel, né des nouveaux services des technologies de l'information, qui s'ajoutent aux services en développement continu des loisirs et du tourisme. Par ailleurs, la poussée des services transforme la logique de marque en logique d'usage ; c'est ainsi qu'un constructeur automobile ne vend plus le produit seul, mais le financement, l'entretien et l'assurance qui l'accompagnent.
- Le regard des consommateurs, des collaborateurs et des actionnaires change. Ils demandent, eux aussi, plus de transparence et d'information sur l'entreprise dans laquelle ils investissent de leur temps ou de leur épargne.

### Un retour aux sources

Ces nouvelles exigences changent peu de choses pour la marque patronymique. Née des contraintes législatives en vigueur lors de la deuxième révolution industrielle, elle retrouve l'exigence de responsabilité qui était la condition de son existence.

Par ailleurs, les jeunes créateurs qui semblent favorables au fait de baptiser leur entreprise de leur nom, le sont au premier chef pour des entreprises de services, afin de personnaliser mais aussi de cautionner leurs futures prestations...

La responsabilité de la marque patronymique vis-à-vis de la société avait jusqu'alors une valeur d'exemple. Avec la nouvelle législation, l'évolution des mentalités et des comportements, cette responsabilité se transforme aujourd'hui en mission ; avant, peut-être, demain se généraliser.

## 2.b. *La législation et le nom*

### La loi du 4 mars 2002 relative au nom de famille

Cette loi qui bouleverse le droit de la famille a pour premier effet de modifier le « patronyme » en « nom de famille » dont les dévolutions répondent à de nouvelles règles.

Le nouveau système d'attribution du nom de famille vise à mettre le droit français en conformité avec les engagements internationaux souscrits par la France qui garantissent le principe d'égalité entre les hommes et les femmes. [1]

Lorsque la filiation est établie simultanément à l'égard de chacun des parents, le nouvel article 311-21 du Code civil conférera au père et à la mère une triple option dans le choix du nom de leur enfant. Ils pourront choisir soit le nom du père, soit celui de la mère, soit leurs deux noms accolés dans l'ordre choisi par eux dans la limite d'un nom de famille pour chacun d'eux. Par conséquent, ce nouveau système va permettre aux parents de transmettre à leur enfant leurs deux patronymes, leurs deux matronymes, ou le patronyme de l'un et le matronyme de l'autre dans l'ordre qu'ils détermineront librement.

Le choix effectué pour le premier enfant vaudra également pour toute la fratrie. Par ailleurs, lorsque « les parents ou l'un d'entre eux portent un double nom de famille, ils peuvent, par une déclaration écrite conjointe, ne transmettre qu'un seul nom à leur enfant » (alinéa 3), afin d'éviter que l'enfant ait à porter un triple ou quadruple nom.

À l'application de la loi, le 1er septembre 2003, la marque patronymique deviendra donc marque de famille. Des héritiers pourront facilement changer leur nom de famille en laissant ce nom à leur marque en cas de gêne ou de vente ; d'autres pourront re-porter le nom dans le cas d'une génération de femmes qui en aurait bloqué la transmission.

---

1. Source : Petites affiches. 21 Mars 2002. N°58.

L'avenir de la marque patronymique est par ailleurs lié à la liberté des enfants nés après l'entrée en vigueur de la loi d'accoler à leur patronyme le nom de l'autre parent. Ensuite parents eux-mêmes et portant peut-être le nom de leur père et de leur mère accolés, ils ne pourront transmettre les quatre noms à leurs enfants. Il faudra alors choisir entre les deux noms du père ou les deux noms de la mère, ou d'une adaptation des deux noms.

En faisant l'hypothèse que Monsieur **RO**DIER-DE**NIMES** épouse Madame **A**CREMANT, le nom de leurs enfants, comme dans bien d'autres cas, pourrait faire apparaître de nouveaux et beaux **ACRONYMES**.

*J'ai donné, je donne, je donnerai
mon nom à mon entreprise*

---

*Témoignage*

### Ils ont des avis partagés

**Paul Ricard** (Fondateur de Ricard – *La Passion de créer*, p. 74-75) : « Le produit étant créé, restait à lui trouver un nom. (...) Pastis, bien sûr, mais Pastis quoi ? Je m'en ouvris au Père Blaise (...)

> Ecoutez, me dit-il, si vous lancez une marque, ne lui donnez surtout pas votre nom ! Car de deux choses l'une : ou ça ne dira rien à personne et vous échouerez ; ou vous réussissez et vous aurez alors un tas d'admirateurs qui trouveront toujours un homme de paille s'appelant comme vous ou presque, pour abuser de la confiance des consommateurs ou vous voler vos clients. Voyez les savonniers : ils appellent leurs produits « Le Chat » ou « Le Fer à cheval » ou « L'Abeille ». Choisissez un nom d'objet, croyez-moi, cela vous évitera quelques contrefaçons.

Il n'avait point tort, pourtant son point de vue ne me semblait pas convaincant. Est-ce qu'un artiste songerait à signer des œuvres d'un autre nom que le sien ? C'était une création personnelle que je comptais proposer au public. Pouvait-on d'ailleurs rêver d'un nom plus provençal que le mien : Ricard ?
Un soir, je donnai sur la table un grand coup du plat de la main, qui fit tinter mes alambics :
– Ce sera « Ricard, le vrai pastis de Marseille » ! »

# PARTIE 2

# La gestion de la marque patronymique

# 3

CHAPITRE

# Les composantes de la marque
# Influences sur le marketing

## 1. Les forces des marques patronymiques

### 1.1. La garantie

Depuis leurs débuts, les marques patronymiques ont une double fonction : distinguer et garantir.

En effet, il était nécessaire de distinguer les produits de marque de ceux vendus en vrac. Les industriels marquaient leurs produits de leurs noms afin de les distinguer, de les authentifier et de créer un lien avec le consommateur.

Le deuxième objectif était la garantie, notion toujours valable aujourd'hui. L'industriel acceptait d'assumer la responsabilité de ses produits. De l'obligation des gérants tenus personnellement et solidairement de toutes les dettes de la société sur leurs biens personnels, résultait un véritable « contrat de confiance » entre l'industriel et le consommateur. Dès lors, un dialogue possible s'instaurait avec le consommateur qui pouvait exprimer ses réclamations ou ses recommandations en les adressant directement à l'industriel. Dans le même temps, le commerçant devenait un simple distributeur chargé de transmettre les réclamations aux fabricants. Nous pouvons dire que ce dialogue a jeté les prémisses du consumérisme.

> Dès 1867, Henri Nestlé écrivait sur ses étiquettes : « Je signe mes emballages et je donne mon adresse pour permettre au consommateur de m'écrire pour me dire tout le bien, ou éventuellement le mal, qu'il pense de mes produits. »

L'avènement de la société de consommation des années 60 a vu le triomphe du marketing, faisant apparaître la nécessité de segmenter et de différencier, dans laquelle la formule : « un produit, une marque » prédominait. Des noms sont donc spécialement créés, destinés à être rapidement lisibles sur le marché, comme « Monsieur Propre ». Parallèlement, sous la pression d'une demande toujours plus exigeante du consommateur, les marques patronymiques ont vu leurs fonctions de garantie et de distinction s'enrichir : les consommateurs ont besoin de marques qui garantissent une qualité et un savoir-faire qui se distinguent en personnifiant leurs produits et qui véhiculent un certain nombre de valeurs. En réponse à cette demande, commencent alors à apparaître de fausses marques patronymiques.

## 1.2. La signature

Implicite et explicite, la signature a un double niveau de pertinence dans l'engagement qu'elle suppose.

Implicitement, les signes accompagnant la dénomination sociale (composants de l'identité visuelle : graphismes, couleurs...) sont les éléments permanents de cet engagement. Reproduits avec la dénomination sociale, sur tous les supports visibles de la marque : locaux et drapeaux, véhicules de livraison, emballages des produits,..., ils sont la signature des valeurs de l'entreprise et rappelle son engagement vis-à-vis des fournisseurs, des clients, des salariés et de la Cité.

Explicitement, la signature du dirigeant est l'expression ultime de cet engagement. Le graphisme de cette signature, souvent reproduit sur les emballages, conforte le consommateur dans son acte d'achat.

**Paul RICARD**

« *Sûr de la qualité de mon pastis et fier de son goût unique, j'engage mon nom pour votre plaisir* » lit-on sur l'étiquette des bouteilles.

**Edouard MICHELIN**

dit à ses ingénieurs[1] : « *Attention, mon nom est sur les pneus que je fabrique.* »

**Patrick RICARD**

« *Donner son nom est une garantie, on ne donne pas son nom à n'importe quoi. On ne fait pas ce que l'on veut avec son nom : vous l'avez reçu, d'autres le portent et d'autres après. Un nom se transmet. Et comme la réussite reste éphémère, faire une bêtise vous suit longtemps.* »[2]

## 1.3. La notoriété

### La notoriété-caution

La notoriété est une conséquence de la durée de vie des marques. Bien mémorisées par le consommateur, les marques patronymiques établissent une relation complice et créent avec celui-ci un sentiment de familiarité. Cette relation prévaut à l'acte d'achat tant pour les produits de grande consommation que pour les produits plus rares. Elles bénéficient donc d'un à priori favorable auprès des consommateurs qui font l'hypothèse que si la marque existe depuis longtemps, elle doit faire preuve d'expérience et de savoir-faire.

### La notoriété-permanence

La notoriété élevée des marques patronymiques affirme leur pouvoir en toutes circonstances. En effet, la notoriété suffit à compenser des efforts publicitaires, notamment dans les contextes économiques les plus difficiles qui obligent à les réduire (crises économiques, conflits...).

1. Entretien de l'auteur avec un « bib », Octobre 1999.
2. Entretien de l'auteur avec Patrick Ricard, Président de Pernod Ricard, le 18/02/02.

## 1.4. L'image

La qualité requise dans l'image et la perception d'une marque patronymique représente la principale motivation du consommateur qui se dirige vers elle. La qualité est une valeur intrinsèque que la marque patronymique n'a plus à prouver au consommateur. Elle est inscrite dans la culture d'entreprise, s'exprime dans les valeurs, les décisions de la firme et dans les comportements des collaborateurs. La qualité est un devoir, symbole de l'engagement personnel du fabricant. Pour Xavier Aubercy, troisième génération du chausseur parisien depuis 1935[1] : « *Porter son nom est une condamnation à réussir et à mieux faire.* » Les marques patronymiques fondent aussi leur image sur le savoir-faire, la tradition et l'authenticité. Ce n'est pas un hasard si beaucoup de ces marques sont présentes dans des secteurs fortement créatifs comme l'artisanat, le luxe ou le design. Pour Michel Bernardaud, Président des porcelaines Bernardaud[2] : « *Notre objectif premier reste le maintien de notre image de marque. Ainsi, nous nous interdisons parfois de sortir des produits commercialement vendeurs, s'ils risquent de nuire à notre image d'excellence* ».

## 1.5. La fidélité

David A. Aacker[3] rappelle que « la fidélité à la marque est la mesure de l'attachement des consommateurs à cette marque. Elle reflète la propension à changer pour une autre marque, en particulier pour une marque directement concurrente ». Dans les catégories de consommateurs qu'il propose dans sa typologie de fidélité à la marque, (l'indifférent, le conservateur, le calculateur, l'affectif et le militant), nous retiendrons le « client affectif » comme principal type de consommateur des marques patronymiques.

---

1. Entretien de l'auteur avec Xavier Aubercy, Directeur d'Aubercy Chausseur, 27/07/01.
2. Entreprendre, N°160, « Michel Bernardaud ».
3. A. Aacker, David, 1994.

### Fidélité et affect

L'attachement à la marque résulte des habitudes et des parcours d'initiation à la consommation propre à chaque groupe socio-culturel. En effet, les clients fidèles développent un sentiment d'appartenance à un club dans lequel se fédèrent les mêmes valeurs d'attachement et de proximité affective à la marque.

> **Témoignage**
>
> **René LACOSTE**
>
> raconte : « *Je ne pensais pas alors (...) que la chemise Lacoste deviendrait l'uniforme de millions de joueurs et joueuses de tennis, puis de joueurs et de joueuses de golf, avant de devenir un* must *pour les loisirs, les vacances, et de rendre même plus agréable pour beaucoup le travail comme la détente* ». [1]

Chaque groupe de consommateurs instaure des rites de consommation marqués par les évènements de la vie. Ce sont autant de rencontres qui fidélisent les consommateurs à leurs marques. C'est ainsi que les marques patronymiques conquièrent la fidélité et la fierté de leurs clients sur plusieurs générations.

Réciproquement, la marque doit se comporter avec constance et fidélité vis-à-vis du comportement quasi inconditionnel du consommateur à son égard.

## 1.6. La durée

### Les acquis du temps

Les marques patronymiques peuvent prendre pour exemple les Hénokiens [2] qui se caractérisent par leur longévité.

---

1. René Lacoste, *Plaisir du Tennis*, Fayard, 1981.
2. Association créée en 1981 par la famille Glotin, alors propriétaire de Marie Brizard, réunissant des entreprises dans le monde ayant dépassé 200 ans et dont la famille fondatrice reste majoritaire au capital.

À l'heure où l'on ne crée pas un nom sans avoir recours au conseil de plusieurs cabinets spécialisés, les marques patronymiques naturelles et qui ont une histoire bénéficient, quant à elles, d'un capital temps auquel les consommateurs ont associé des valeurs d'authenticité, de savoir-faire, de proximité, de durabilité et de qualité, leur conférant ainsi un légitime statut de marques fortes.

Le temps participe aux trois principaux actifs de la marque patronymique que sont la notoriété, l'image et la fidélité.

---

*Témoignage*

**Christian** Peugeot
*Le lion Peugeot a été créé en 1858, bien avant l'automobile, pour qualifier les qualités des scies à métaux : la résistance des dents, la souplesse de la lame et la rapidité de la coupe. Aujourd'hui, le lion est toujours notre emblème et les valeurs de la marque (robustesse, dynamisme et esthétique) n'ont pas tant évolué. Les signes de l'Histoire sont présents, maintenus depuis les origines[1].*

---

Ainsi, la complicité établie de longue date avec le client devient un avantage inégalable.

Le secteur de l'automobile illustre bien le bénéfice que l'image tire du temps. Français en tête dans un phénomène mondial, des centaines de constructeurs se sont lancés, réalisant parfois un seul modèle, dans cette nouvelle technologie au tournant du XXe siècle. Mais leur liste s'est réduite au fur et à mesure des crises économiques : 1907/1908, années 30, changements consécutifs aux deux guerres mondiales. Les marques et leurs produits ont disparu mais leur nom a subsisté. Ces noms restés en mémoire depuis leurs dernières gloires se réincarnent en marques prestigieuses. Sur la base de leur notoriété, préservée et mythifiée avec le temps, elles sont relancées à moindre coût publicitaire par leur nouveau propriétaire : c'est le cas de Maybach et de Bugatti, marques allemande et fran-

---

1. Christian Peugeot, Colloque ADHE, Sorbonne, Mai 2001.

çaise rachetées l'une par Daimler-Chrysler, l'autre par le groupe Volkswagen.

## 1.7. La pérennité

### Le temps et le nom

Faut-il changer de nom avec le temps ?

Fusionner, changer de culture, racheter, gommer le passé, s'internationaliser présentent autant d'occasions de changer de nom, mais est-ce réellement nécessaire quand l'identité, qui devient un euphémisme pour la marque patronymique, semble bien être le bien le plus précieux d'une entreprise.

> **Témoignage**
>
> **Jean-Paul MAURY**
> *Au rachat de Brodard & Taupin, le personnel m'a aussitôt demandé si j'allais changer le nom, et les syndicalistes, eux-mêmes, étaient heureux d'apprendre que je ne changerai pas le nom de l'entreprise[1].*

Un nom mieux mémorisable sera préféré dans les fusions si les noms associés ne forment pas un ensemble euphonique. Un changement de culture peut être souligné par un nom complémentaire, mais un nom qui traduit un ancrage national constitue-t-il un handicap dans une stratégie de développement international ?

Un nom connu et reconnu par tous est attractif et représente un capital inestimable. Il est une identité que partage un public, composé de clients, de fournisseurs, d'actionnaires et des collaborateurs. C'est une histoire, une ambition, un savoir-faire, un attachement à des valeurs et à une vision qui lui confèrent un pouvoir naturel et légitime.

---

1. Jean-Paul Maury. Entretien avec l'auteur. 19/04/01.

Préserver son nom est donc la preuve que l'adaptation et l'évolution sont possibles en le portant avec fierté sans perdre son âme.

Quand le nom donne confiance, il contribue à la chaîne de valeur, surtout dans les aspects immatériels du capital, seuls capables de faire une différence avec les concurrents sur le long terme.

> **Témoignage**
>
> **Isabelle Magnard**
> *Cette notion de confiance capitalisée semble très illustrée par les choix opérés dans les grands groupes lors des opérations de fusions-acquisitions. Par exemple, les Editions Larousse, Le Robert, Nathan et Bordas, d'abord rachetées par le Groupe de la Cité, lui-même fusionné ensuite dans le groupe Havas, ce dernier fusionné par la suite dans le groupe Vivendi, ont gardé le nom de leurs fondateurs à travers toutes les restructurations. Lors de décisions aussi stratégiques que celles prises dans ces opérations, abandonner le nom n'a jamais été un choix. En accoler deux, en revanche, a pu être tenté (Larousse-Bordas ou Le Robert-Nathan) mais ces choix-là n'ont pas donné de bons résultats. Si la fusion de deux entreprises, de deux équipes est chose difficile, mais possible, la fusion de deux personnalités – puisque c'est ce que portent les noms – s'avère impossible[1].*

## 1.8. L'adaptation au marché

Faire face au temps suppose un effort constant d'adaptation à la cible. De ce fait, la nécessité de soutenir un effort d'innovation technologique pour maintenir les performances des produits ne semble pas toujours suffisante. Conformément à l'attachement porté à une marque par un groupe de consommateurs, typés par générations, la marque doit lever les freins psychologiques des relations intergénérationnelles.

---

1. Isabelle Magnard. Entretiens avec l'auteur. Juin 2002.

## Générations et perceptions

En effet, les jeunes générations ont l'apriori d'une image vieillie et démodée aux marques patronymiques dont les noms sont privés de consonances actuelles et que leurs grands-parents utilisaient déjà. Ils disent alors que ces marques sont démodées, vieillottes, ringardes... Par exemple, Leroux est perçue aujourd'hui comme une marque vieillissante (il en est de même pour de nombreuses autres marques telles que Cachou Lajaunie, Borsalino, Dormeuil, Dubonnet, DD...) essentiellement parce que ses principaux consommateurs sont d'un certain âge. Les souvenirs d'une période de pénurie renforce l'image de la chicorée liée à un erzatz de café. Dans le même temps, avec le lancement du produit Ricoré par Nestlé, la chicorée renaît avec une image de bien-être et de bienfait pour la santé. Soutenue par des campagnes de publicité adaptées, intégrant famille et amis, Ricoré continue de plaire aux jeunes et aux plus âgés en se donnant une image globalement familiale depuis le début des années 70 : « Ricoré s'invite à la table du petit-déjeuner ».

Il apparaît donc clair que l'image vieillie de certaines marques auprès des jeunes générations est due à plusieurs facteurs[1] : une clientèle vieillissante, un produit vieillissant et une communication vieillissante. Pour rester intemporelle et à la mode, la marque se doit d'innover techniquement et d'adapter sa communication. C'est pourquoi certaines marques centenaires ont toujours la cote auprès des jeunes, car elles ont réussi à contrer l'apparition de ces trois facteurs de vieillissement. Ainsi LU, marque centenaire et traditionnelle, continue de conquérir les jeunes comme les plus âgés. Elle renvoie chacun dans son univers d'enfance. Les jeunes la qualifient de marque de qualité, de bons produits qui ont « fait leurs preuves ». C'est une marque perçue comme ancienne car tout le monde la connaît depuis toujours, sans pour autant paraître vieillie. C'est une marque qui traverse les générations, une marque intemporelle qui s'inscrit bien dans le futur.

---

1. Cahier d'Etude ESCP, 1999.

LU est devenue une marque-ombrelle gérant plusieurs marques de biscuits avec des noms très différents et modernes. C'est peut-être grâce à cette structure que la marque a réussi à innover sans perdre son identité. Certains jeunes y voient même son caractère patronymique :

> « *Je ne vois pas de date. C'était un cuisinier, un pâtissier. Il travaillait de façon artisanale dans sa boulangerie. Il a mis au point des gâteaux qui se vendaient bien. Il vivait en France. C'était un cuisinier du début des années 20. Entreprise familiale.* » [1]

### Adaptation aux générations

Installées dans le temps, les marques patronymiques ont la particularité de couvrir plusieurs générations. Or, chacune de ces dernières a ses références liées à une unité historique, culturelle et de consommation, partagées à une même époque. Il est donc difficile pour une marque patronymique de s'imposer comme marque connue par plusieurs générations successives qui ont chacune leurs référents. C'est ainsi qu'apparaît une question stratégique : faut-il augmenter leur implication auprès des clients existants et fidèles ou est-il plutôt nécessaire d'investir auprès des nouvelles générations ?

Pour survivre, une marque doit considérer ces deux aspects : fidéliser les anciens clients mais dans le même temps conquérir les plus jeunes qui représentent l'avenir de la marque [2]. À ce titre, la marque patronymique Peugeot a remarquablement réussi à créer ce lien inter-générations en s'attachant à suivre l'ensemble de sa cible composée de consommateurs de tous âges. Depuis quelques années, Peugeot s'est attachée à conquérir les jeunes et à « dépoussiérer son image » de voiture familiale traditionnelle et classique. Le film Taxi, par exemple, a fortement participé à la modernisation de l'image de Peugeot après les différentes opérations de « cobranding » avec Roland Garros et de parrainage dans le golf avec l'Open

---

1. Cahier d'Etude ESCP, 1999.
2. Kapferer, 2001.

Peugeot. Les jeunes considèrent désormais Peugeot comme une marque dynamique, sportive, innovante et populaire. Tout en gardant ses valeurs propres, la marque a su conquérir un autre public.

Finalement, Peugeot n'a pas connu la situation de « confrontation des générations » dans la mesure où ces opérations ponctuelles mais ciblées ne bouleversent pas son identité.

## 2. Territoire des marques patronymiques

### 2.1. Champ d'extension

#### 2.1.a. *Quel noyau dur et quelle périphérie ?*

**Le produit-innovation comme noyau dur de la marque**

La plupart des marques patronymiques sont nées d'inventions géniales, de découvertes d'ingénieurs ou d'entrepreneurs visionnaires, qui y ont appliqué leurs noms. Les noms patronymiques liés à ces innovations sont ainsi assimilés dans les esprits à un mono-produit. Plébiscité par le marché depuis plusieurs générations, ce mono-produit compose le noyau dur de la marque patronymique, celui qui porte sa véritable identité. Ce produit-innovation est selon Kleiber[1], appelé « prototype de la marque, non pas au sens d'une ébauche comme un avion ou une automobile, mais comme développement le plus complet du sens de la marque. »

> ■ En 1858, Jean-Baptiste Alphonse Leroux eut l'idée de fabriquer de la chicorée, une plante aux vertus digestives connue depuis des millénaires et traditionnellement utilisée comme complément nutritionnel du café. En conséquence, avant que les résultats des nouveaux usages de ce produit recherchés depuis le milieu des années 90 (alimentation humaine, cosmétologie, hygiène bucco-dentaire), la marque reste indissociable de son positionnement d'origine. Elle espère ainsi se libérer de son image « d'ersatz de café ». ■

1. G. Kleiber, *La Sémantique du Prototype*, PUF, 1990.

De même, la marque Lacoste est synonyme de l'invention de la célèbre chemise. René LACOSTE[1] déclare dans son livre : « Je me réjouis d'avoir eu un jour[2] l'idée de faire fabriquer pour mon usage personnel, surtout pour résister à la chaleur des étés américains, une chemise... Lacoste. »

De façon plus générale, lorsqu'une marque perd totalement son statut de signifiant, elle devient une marque au sens plein du terme en s'assimilant à son signifié. Aujourd'hui, c'est le cas de la plupart des marques patronymiques telles que Opinel, Bic, Kärcher, Mars, Bottin, Fenwick, Barbour qui sont devenues des noms génériques, tombés dans l'usage avec la perte de la majuscule (mais en lexicologie, toute marque déposée doit s'écrire avec la majuscule). Aujourd'hui, la plupart des gens disent posséder un opinel à la place du couteau des paysans savoyards, utiliser un bic à la place d'un stylo à bille, « passer au kärcher » à la place d'un nettoyeur haute pression, manger un mars à la place d'une barre chocolatée, prendre un bottin à la place d'un annuaire téléphonique, un fenwick à la place d'un chariot élévateur, porter un barbour à la place d'une veste sportive... Même Michelin semble rechercher cet effet dans sa campagne publicitaire du début des années 2000 : « Avez-vous des pneus ou des Michelin ? »

La notoriété extrême de certains produits les amène à devenir produits génériques jusqu'à entrer dans le dictionnaire. Cet effet de lexicalisation déqualifie la marque de son statut et la limite dans ses tentatives de diversification.

---

1. René Lacoste, *Plaisir du Tennis*, Fayard, 1981.
2. En 1927.

Témoignage

**Lionel POILÂNE**

*Du pain de « type poilâne » n'est pas du pain Poilâne. Le danger de cette dérive qui exposerait ma marque sur la voie d'une appellation générique est impossible puisque nous sommes extrêmement vigilants. À chaque fois que nous identifions une telle anomalie, un courrier recommandé avec AR est adressé aux auteurs de cette « légèreté juridique » (qui sont parfois des parasites). Notre démarche s'applique aussi aux journalistes qui font parfois la même erreur, etc. Le danger, bien sûr, serait grand de ne pas procéder ainsi... le risque est même de perdre sa propre marque.* [1]

L'invention initiale, ayant fait le succès de la marque et son identité, va la restreindre à son domaine. Ainsi Lacoste se diversifie dans le domaine du textile en développant des collections sportwear et de lingerie. C'est la raison pour laquelle la marque évolue par sa frontière. Son extension peut donc se faire essentiellement grâce aux produits périphériques [2]. Répondant ainsi aux critères de gestion moderne, la marque patronymique s'impose d'évoluer et de s'adapter aux nouvelles tendances de consommation. Les déclinaisons de Bic se font autour du Bic Cristal historique, des instruments à écrire et de l'environnement de l'écriture. Celles de Barbour prennent la forme d'accessoires fabriqués dans la célèbre toile huilée, comme les chapeaux de chasse et les casquettes. Le tartan Burberry apparaît sur les sacs, les maillots de bain et la lingerie. Enfin, le Bottin devient gourmand ou mondain, etc.

## L'identification créateur-marque comme noyau dur

L'identification du créateur avec sa marque provient du fait que celui-ci fasse déteindre inévitablement sa personnalité et sa culture sur sa marque, voire sur la gestion de son entreprise. « Lorsque le fondateur crée sa propre société, sa déter-

---

1. Entretien de l'auteur avec Lionel Poilâne, Président de Poilâne SA, 26/06/01.
2. Kapferer, 2001.

mination est forte. Il possède un certain nombre d'idées sur le rôle de son entreprise dans le monde, sur la nature humaine et sur la relation au temps et aux autres. C'est à partir de ses croyances intimes et de ses convictions que l'entreprise verra le jour et que se façonnera une culture. [1] » Ceci est d'autant plus vrai dans le cas des marques patronymiques : par le patronyme, l'identification est immédiate, irréfutable.

---

*Témoignage*

**Marcel DASSAULT**

*Sans doute la Société des Avions Marcel Dassault (...) constitue-t-elle un prolongement de la personnalité de son fondateur et propriétaire (...). Il est engagé dans la construction d'avions depuis la Première Guerre et il considère toujours cette activité plus comme un art qu'une science.* [2]

---

La marque Paloma Picasso en est un autre bon exemple. L'identification prend ici la forme d'une véritable incarnation entre la créatrice et sa marque. Cette marque n'existe qu'a travers sa fondatrice : « Esquisser le portrait de la marque Paloma Picasso revient à découvrir la femme qui l'a créée. Car l'histoire et la personnalité de Paloma Picasso sont dans chaque produit qui porte son nom. » [3]

Tous les produits sont directement l'expression de sa personnalité. De ce fait, le territoire de légitimité de la marque est aussi extensible que le personnage est riche et ses inspirations nombreuses. Toutes les créations de Paloma Picasso, aussi diverses et éclectiques soient-elles, deviennent uniques et griffes dans un autre contexte et forment un tout cohérent lorsqu'elles sont rassemblées.

---

1. Bernard Catry et Airelle Buff, 1996, *Le gouvernement de l'Entreprise Familiale*, Publi-Union.
2. « Extraits du rapport préparé pour United States Air Force Project Rand », In Marcel Dassault, *Le Talisman*, Editions Jours de France, 1983.
3. La Revue des Marques, n° 24, 10/98.

### 2.1.b. *Vocation fondatrice de la marque patronymique :* *limite du champ d'extension*

La marque patronymique trouve sa légitimité dans le produit d'origine. Une extension de marque patronymique trop éloignée de son savoir-faire peut faire naître une image négative. [1] Christofle a tenté de se diversifier en lançant une ligne de bijoux, mais la marque qui s'est imposée aux arts de la table à partir du travail du métal argenté, n'a pu faire reconnaître ses créations en joaillerie.

La puissance créatrice d'un artiste conduit celui-ci à créer des objets ou des gammes d'objets avec la force et la puissance qui relèvent de son talent. Ces artistes s'expriment généralement dans les secteurs de la joaillerie, de l'horlogerie, de la bijouterie, des accessoires, de la couture, de la haute couture, des arts de la table, de la haute cuisine, de la décoration...

Le travail initial du fondateur, au talent reconnu, devient une œuvre de son vivant ou à titre posthume. À sa disparition, la marque ne peut qu'évoluer en adaptant ses créations à sa légitimité historique. Lalique, cent ans après sa création, continue de créer des montres dans la lignée de la montre « Pomme de Pin » remarquée à l'Exposition Universelle de 1900, époque de gloire des créations de René Lalique.

L'obligation de poursuivre la vocation fondatrice du créateur s'impose. Dans cette logique, Lalique de l'an 2000 se doit de créer des accessoires dans le respect de l'art verrier et des matières choisies par le fondateur. Il en va de même pour les porcelaines Bernardaud, qui se sont récemment diversifiées dans les bijoux, les luminaires, etc.

> **Témoignage**
>
> **Michel BERNARDAUD**
> *Notre matériau sensuel et noble offre de nombreuses possibilités. Notre légitimité est évidente : toutes nos collections travaillent la porcelaine[2].*

1. A. Aacker, David, 1994.
2. Entreprendre, N°160, « Michel Bernardaud ».

### Vocation fondatrice vs banalisation de la marque

- Banalisation : contrainte financière
  La banalisation est une tentation inscrite dans une stratégie de profit à court terme. Cette stratégie est souvent le fait des industriels qui s'emparent du contrôle d'une marque patronymique de luxe. Le créateur, privé de sa liberté d'action, voit sa capacité créatrice rationalisée au profit des parfums, licences et autres accessoires. Ces marques finissent par multiplier les licences et apposer leurs noms sur des produits de consommation courante.
- Banalisation : libre-arbitre
  De son propre chef, Pierre Cardin a multiplié les licences et étendu ses marques à des produits de tout type sans se soucier de leur qualité. On a même inventé le terme de « Cardinisation » pour illustrer ce type de pratique. En France, l'image de Cardin a énormément pâti de cette dispersion excessive, même si elle ne semble pas affectée à l'étranger. Aujourd'hui, Cardin n'est plus une marque de luxe à cause d'une diffusion pléthorique et du défaut de qualité de ses produits.

### La culture : un contre-exemple

Certains noms cependant n'ont aucune difficulté à s'apposer sur différents types de produits : c'est le cas des marques patronymiques japonaises comme Toyota, Yamaha, Itochu, Suzuki ou Sumitomo. La culture japonaise est une culture de groupe où rien n'est individuel. Les extensions de marques ne doivent rien au marketing parce qu'elles sont culturellement multiples. La signature transversale de ces marques leur apporte une valeur supplémentaire. Ce sont des marques naturellement fédératrices qui rassurent le consommateur quel que soit le produit traité.

## 2.2. Champ d'internationalisation

### 2.2.a. *Le nom : attachement à un territoire*

Lié à une langue, le patronyme renvoie à une nationalité précise. De ce fait, les marques patronymiques sont parfois qualifiées de marques nationales, voire de marques locales, car leur nom est supposé enfermer la marque dans un espace géographique restreint. Avantage ou inconvénient ?

Les fusions et acquisitions résultant de la mondialisation conduisent les groupes aux activités internationales à choisir un nouveau nom prononçable dans une majorité de langues. Le fait de cette création provoque une rupture avec l'histoire et l'origine nationale des entités fusionnées ou acquises. Cependant, des marques patronymiques, dont les noms n'ont fait – et pour cause – l'objet d'aucune recherche marketing, sont devenues globales et ce malgré leurs noms. Ces marques rassemblent, en effet, plusieurs facteurs qui se croisent en autant de leviers d'internationalisation : la langue, la culture, l'organisation et la législation.

### La langue

« *Mon nom est une marque et c'est ce qui fait notre force partout dans le monde* » déclare Jean-Charles Decaux[1], fils du fondateur Jean-Claude Decaux. Il faut souligner que, phonétiquement, Decaux bénéficie de deux syllabes faciles à prononcer et à mémoriser. À contrario, le patronyme Peugeot ne présente aucune facilité d'énonciation à l'international. « Pigeo », « Pieugeo », « Pijote », peut-on entendre à travers le monde. Dans ce cas, le facteur temps permet de dépasser largement l'écueil phonétique.

### Culture et langue

Le fait que certaines marques patronymiques soient porteuses, par leurs noms prestigieux, de stéréotypes culturels[2] faci-

---

1. Les Echos, « Maisons de famille », 10/07/01
2. A. Aacker, David, 1994.

lite leur internationalisation. La référence à un pays et la connotation des images qu'il véhicule est souvent un symbole très fort car l'image d'un pays peut être très liée à un type de produit.

Le whisky Clan Campbell, nom du vrai Clan écossais, se vend particulièrement bien par la fascination qu'il suscite chez les consommateurs et par son identité inamovible. Cette marque exploite tout simplement les évocations, le passé historique et fascinant qu'elle génère grâce à son nom.

Dans les stéréotypes, le whisky est sans doute l'expression la plus emblématique d'un produit associé à un terroir. Il y a très peu de produits qui ont un rapport direct et si proche avec la terre qui les a portés : le whisky en est un. Depuis Colin en 1266, vingt chefs du Clan Campbell se sont succédés à la tête de l'entreprise jusqu'à son rachat par le groupe Pernod Ricard en 1974. On remarque à ce titre que toutes les publicités de Clan Campbell en Europe déclinent la notion de partage, presque tribal, des valeurs de cette communauté.

Quel que soit leur pays d'origine, les marques patronymiques restent dépendantes de leur environnement initial. Que la marque ait tel ou tel ancrage national, son intérêt est le même partout. Cet intérêt prime. Il relativise les différences, arbitre les variables culturelles sur des critères de gestion. Du coup, des produits dont les pièces proviennent de différents pays sont garantis par la marque plutôt que par une origine géographique.

Ceci est la force de la marque patronymique mais aussi sa contradiction. Si elle impose ses spécificités et ses valeurs à travers le monde, ces valeurs sont aussi celles de son pays d'origine, de son identité nationale et de son enracinement. Cette contradiction explique les implantations ou les fusions difficiles par un effet boomerang : dans les pays qu'elle conquiert, son nom la renvoie à son pays d'origine. On explique ainsi que la difficile cohabitation entre le groupe allemand Daimler et l'américain Chrysler n'est autre que la collusion entre deux identités culturelles. Le maintien de leurs noms respectifs prouve le souci de respecter leurs ancrages nationaux, mais aussi le fait qu'un nouveau nom n'aurait pas réussi à effacer les différences sous un nouveau drapeau.

## Culture locale et mondialisation

Les marques françaises restent davantage liées au mythe de Paris : haute couture et parfums, à la gastronomie et aux vins « Made in France » plutôt qu'aux marques de produits techniques : Citroën, Dassault, Peugeot, sont sans doute reconnues comme marques européennes, mais de quel pays exactement ? De même, l'Italie est associée au design et à la mode (de Pininfarina à Salvatore Ferragamo), l'Allemagne est associée aux biens industriels (Krupp, Siemens, Mercedes ...), la Grande-Bretagne à la finance (Lloyds, Barclays, Baring, Couts...), et l'Asie à sa percée dans plusieurs secteurs industriels.

L'image des Etats-Unis reste fidèle aux Nouvelles Technologies de l'Information et de la Communication (Hewlett Packard, Dell, Siebel, Bloomberg...), même si certaines marques américaines symbolisent la « world company » dont le « made in *marque* » s'impose avec une image supra-nationale. C'est vrai des marques dont les produits sont transversaux comme le coca-cola. Est-ce vrai pour toutes les marques qui adaptent leur offre au marché local comme Mac Donald's ? Par la langue dont il est issu, le nom d'une marque révèle une identité qui la distingue. La globalisation met en évidence les différences.

## Culture, langue et législation

Précisons que le stéréotype allemand de haute qualité et de fiabilité trouve son origine dans l'exigence de brevetabilité des inventions. Depuis la fin du XIX^e siècle, on doit aux Allemands une notion nouvelle, celle de « hauteur inventive » qui écarte du brevet des inventions insuffisamment distinctes des techniques du moment. Assez rapidement, les Allemands acquièrent une grande réputation en Europe quant à la qualité de leurs brevets : être accepté en Allemagne devient un gage de succès.

De même qu'en Allemagne, au Japon la capacité inventive a été longtemps bridée par la loi, mais stimulée par la même exigence d'inventivité des brevets depuis le début du XXᵉ siècle. Cependant, contrairement aux entreprises occidentales, les entreprises japonaises ne se concurrencent pas. Elles font progresser et perfectionnent les avancées technologiques initiées par les uns ou les autres, dans l'intérêt général. « Les entreprises japonaises engagent rarement des poursuites entre elles. Chacune se reconnaît dans sa technologie et évite d'utiliser celle des autres, au pire de la modifier. Ce n'est donc pas l'exclusivité qui est recherchée mais plutôt de préciser ce que fait une industrie et d'encourager les autres à aller plus loin. Les liens très forts entre le gouvernement et l'industrie expliquent les différences avec un pays comme les Etats-Unis : dans ce dernier, les droits du citoyen (inventeur ou licencié) sont primordiaux ; au Japon, gouvernement et industrie soutiennent de concert le développement industriel. Souvent, les Européens et les Américains dénoncent une attitude discriminatoire de la loi japonaise. En fait, elle s'inscrit dans une tradition où l'individuel et le collectif n'ont pas le même poids [1] ». Ceci explique que les marques japonaises puissent être des marques ombrelles.

Matsushita répond culturellement à cette notion de groupe. Cependant, son nom, adapté à l'ensemble de ses activités en zone Asie, ne l'est plus sur les autres continents. Ainsi, pour réussir son internationalisation dans les années 50, Matsushita a abandonné son nom japonais imprononçable pour diviser sa marque initiale en différentes marques aux noms « passe-partout » et plus évocateurs : le moyen-haut de gamme fut baptisé Panasonic, le haut de gamme, Technics, les produits destinés au marché américain, Quasar et la marque Nationale pour la domotique.

---

1. *Des brevets et des marques*, Alain Beltran, Sophie Chauveau, Gabriel Galvez-Behar, Fayard, 2001, p. 59.

## 2.3. Aspects juridiques

D'un point de vue du Droit, le cas des marques patronymiques est particulier. Si un nom patronymique devient une marque, il est obligatoirement régi à la fois par le droit des noms et par le droit des marques. Or ces deux droits sont antinomiques.

> « Il est vrai qu'en raison de leur nature intrinsèquement distinctive et de leur succès utilitaire, les noms propres semblent avoir vocation à se combiner harmonieusement avec les marques, signes distinctifs par excellence, pour former, en des marques nominatives, des dénominations doublement distinctives. Cette harmonie supposée ne résiste pourtant pas à l'examen. En effet, sur le plan juridique, les noms propres privés, noms de personnes et noms de terroir, se prêtent difficilement à une exploitation commerciale. Ces noms appartiennent en effet privativement à une personne. De ce fait, le droit sur le nom s'oppose fatalement au monopole d'exploitation attaché à la marque, ce qui génère entre les deux droits des conflits multiples.
>
> Le nom de personnes et spécialement le nom patronymique, attribut de la personnalité, hors du commerce, immuable, imprescriptible, et incessible, a des caractéristiques qui sont à l'opposé de celles de la marque, signe de fantaisie distinguant les produits d'une entreprise et donc droit primordial et négociable (...).
>
> (...) Finalement, le patronyme se plie si mal aux exigences du commerce que certaines législations de par le monde n'en admettent l'enregistrement qu'en l'assortissant de rigoureuses réserves. Il est ainsi fréquemment imposé que le nom soit déposé sous une forme distinctive, c'est-à-dire accompagné d'éléments supplémentaires, figuratifs ou nominatifs, afin qu'il ne constitue plus, à lui seul, l'élément essentiel et caractéristique de la marque. Cependant, en France, la loi du 31 décembre 1964 suivie de la loi du 4 janvier 1991, citent expressément les noms patronymiques, pseudonymes et noms géographiques dans la catégorie des signes enregistrables. En droit communautaire, la directive du 21 décembre

1988 cite également les noms de personnes parmi les signes susceptibles de constituer une marque. On peut donc dire que les noms privés peuvent légalement constituer des marques nominatives. Il n'en reste pas moins que ces marques demeurent avant tout des noms, nécessairement soumis par leur nature aux restrictions qui en gouvernent l'usage ».

Les cas de l'homonymie et de l'utilisation du nom par un tiers sont développés dans le livre de Christine Zanella [1] « *Les Marques Nominatives* » dont est extrait le précédent paragraphe résumé.

## 3. Les marques patronymiques avouent leurs faiblesses

### 3.1. Effet écran

Les marques patronymiques ont la particularité de désigner à la fois leur dénomination sociale et les produits qu'elles fabriquent ou commercialisent. Il en ressort un incontestable lien entre l'appellation de l'entreprise et ses produits. En revanche, leurs produits ne bénéficient pas de valeur descriptive. Il s'agit d'un effet écran. Michelin n'a jamais désigné un pneumatique, ni Poilâne du pain, ni Taittinger du champagne ! Ceci est-il préjudiciable à la lisibilité de la marque dans sa relation appellation-produit derrière l'effet écran ?

Une marque comme Absorba, non patronymique, illustre cette relation tout comme Frigidaire, Apérifruit, Ambre Solaire ou Persavon (cas remarquable d'un sobriquet descriptif – père Savon – donné au responsable de la fabrication des savons chez Lesieur), jusqu'à exprimer la fonction de son produit : elle évoque les capacités d'absorption des couches pour bébés.

Pour pallier cet effet écran –mais aussi pour répondre aux exigences juridiques qui entourent la marque patronymique ou pour des raisons juridico-financières – certaines marques

---

1. Christine Zanella, *Les Marques Nominatives*, LITEC, 1996.

recherchent une lisibilité en ajoutant une fonction descriptive à leur nom. Fonction descriptive ou précision du savoir-faire, elles en tirent ainsi un avantage marketing. Le produit est alors ajouté au nom pour *la Chemise* Lacoste, *la Brioche* Pasquier ou *le Cachou* Lajaunie et le métier pour Louis Vuitton *Malletier*, Voisin *Chocolatier* (à Lyon) ou Hermès *Sellier*. De même, pour différencier leurs activités, certaines marques déclinent ou ajoutent la désignation de leurs nouveaux métiers dans le prolongement de leur nom : Dassault *Aviation*, Dassault *Systèmes* et Dassault *Développement*, Bouygues *BTP* et Bouygues *Télécom* mais Schneider *Electric* signe la mutation du célèbre sidérurgiste.

## 3.2. Effet de mode et fausses marques patronymiques

### « Société post-moderne » : le consommateur en quête d'authenticité

Depuis les années 90, le consommateur européen semble en quête d'authenticité, de tradition, de proximité, de local. Après la croyance en la technologie et l'innovation à outrance des années soixante-dix, le consommateur adulte renoue avec les valeurs traditionnelles : le passé est de plus en plus fantasmé. Dorénavant, le consommateur choisit un produit pour son antériorité et son éventuelle histoire. Parfois même, il se recentre sur ce qu'il connaît en achetant des produits de son enfance, des produits du terroir et de son pays. Il semble donc que la recherche du vrai et que l'évacuation des fausses innovations soient à l'ordre du jour.

De même, le consommateur contemporain cherche dans le produit qu'il achète une sorte de liant social[1] : le produit doit être un objet de lien entre lui-même et sa « tribu » ou son groupe d'appartenance. L'objet doit devenir un objet culte qui permet à la tribu d'exprimer ses expériences et émotions partagées. Le but de ce produit est donc de relier les individus isolés par la désocialisation résultant d'une technologie exces-

---

1. Cours ESCP-EAP du Professeur Bernard Cova, 2001.

sive. C'est pourquoi certaines marques, en particulier les marques de l'agro-alimentaire, multiplient les appellations d'origine et autres labels qui apportent un gage de qualité et de lien avec le terroir.

Cependant, il est intéressant de noter que cette recherche d'histoire et d'authenticité n'empêche pas l'aspiration à un certain mode de vie très international et moderne. L'exigence du consommateur est double : d'une part, il souhaite des produits très technologiques, à la pointe de l'innovation, d'autre part, il recherche de plus en plus des produits du terroir, plus traditionnels et artisanaux.

### Le consommateur est-il dupe ?

Profitant de ce renouveau de tradition et d'authenticité dans la consommation, beaucoup de fausses marques patronymiques continuent d'apparaître. Il s'agit essentiellement de marques dont le nom patronymique a été inventé de toutes pièces et qui se sont créées de faux personnages-symboles. Cette recherche de tradition a fait surgir aussi un autre phénomène : celui du réveil de marques patronymiques disparues depuis plusieurs décennies ou inexploitées depuis un siècle ou plus, disponibles par manque d'héritiers et récupérées par des industriels.

*Témoignage*

**Emmanuel Breguet**
*Il est vrai que dans le luxe et notamment en horlogerie, beaucoup de noms du XVIIIe et du XIXe siècles ont été ressuscités pour apporter une caution d'authenticité. Il s'agit de marques faussement patronymiques car le nom, parfois, ne désigne même pas une famille fondatrice. Ce n'est qu'une vitrine. Ces exemples sont révélateurs d'un besoin d'identification à un nom ancien. [1]*

---

1. Entretien de l'auteur avec Emmanuel Breguet, Directeur Commercial de Breguet SA, 31/01/01.

■ Les fausses marques patronymiques

Il y a de nombreux exemples de fausses marques patronymiques dans l'agro-alimentaire et dans le prêt-à-porter où le faux nom propre sert à donner un gage de qualité. Le Groupe Soufflet a créé de toutes pièces, en 1990, un personnage nommé Vivien Paille. [1] Au moment de son lancement, l'objectif recherché était de se substituer à une douzaine de marques issues de rizeries, maïseries et graineteries d'importance régionale, rachetées par le Groupe. Le but de la création de Vivien Paille était de fédérer des aliments aussi divers que le riz, les légumes secs et les aides culinaires et d'être prononçable en Allemagne et au Benelux. Vivien Paille devait répondre à un cahier des charges précis : s'identifier à un individu français, masculin, relativement jeune, aimant faire la cuisine, d'origine paysanne et ayant voyagé dans le monde à la recherche de bons produits. Pour le cabinet de création de noms chargé de l'affaire, « Paille » était obligatoirement un agriculteur, un paysan jovial. La monosyllabe le rendait dynamique, convivial, baroudeur. Vivien lui ajoutait la joie de vivre et le côté voyageur. Il ne restait plus alors, pour le groupe Soufflet, qu'à inventer pour Vivien Paille une histoire familiale et une histoire autour des produits. À ce jour, Vivien Paille est la marque fédérant la commercialisation des légumes secs du groupe. ■

Dans la même veine, nous pourrions citer bien d'autres exemples de faux noms patronymiques de l'agro-alimentaire tels que Justin Bridou, William Pitters, (créé par Bernard Magrez dans les années 60) et autres « Baron de Lestac », adaptation astucieuse de l'anagramme du nom du propriétaire Groupe Castel. De même, dans la mode, Chevignon est le nom d'un faux aviateur, un héros créé de toutes pièces pour répondre au désir d'authenticité des consommateurs. Guy Azoulay, le fondateur de Chevignon, souhaitait créer un nom qui sonne vrai et surtout français pour copier la célèbre veste des aviateurs américains de la Seconde Guerre mondiale, un patronyme « vieille France », capable de symboliser toute une génération de jeunes consommateurs. Enfin, on ne compte plus les faux noms patronymiques à consonance « british » dans le prêt-à-porter masculin, symbole du style classique et indémodable à l'anglaise : John Preston, Bruce Field, etc.

1. L'Expansion, 25/01-07/02/90, « La nouvelle guerre des marques », p.47.

Qu'en pense alors le consommateur ? Selon Aacker[1], il semble ravi de s'emparer de ces personnages de fiction qui réussissent l'exploit de paraître plus vrais que nature. Les consommateurs considèrent ces personnages comme des représentants humains de la marque pouvant cautionner l'image de qualité et d'authenticité du produit. À l'inverse, l'identité des vraies marques patronymiques n'est pas toujours connue. En achetant une Peugeot ou une boîte de petits pois Bonduelle, le consommateur ne sait pas forcément qu'il existe un fabricant éponyme à l'origine de la marque à laquelle il fait confiance.

> **Témoignage**
>
> **Maurice OPINEL**
> *J'ai souvent constaté que de nombreux utilisateurs de nos produits étaient surpris d'apprendre que le couteau dont ils se servaient, portait le nom d'un fabricant et qu'il ne s'agissait pas d'une marque de fantaisie.*[2]

Nous pouvons dire que le phénomène de création de fausses marques patronymiques, la recherche d'une histoire et de racines, n'est qu'une appropriation d'un caractère unique.

De toute évidence, ceci renforce les authentiques marques patronymiques dans leur légitimité.

### 3.3. La disparition du fondateur : Quel devenir pour le nom ?

« Le Nom grandit quand l'homme tombe » disait Victor Hugo[3]. La disparition du fondateur peut représenter un tournant important pour la gestion de la marque et la stratégie de l'entreprise. Même si un successeur héritier et porteur du nom reste aux commandes de l'entreprise, la disparition naturelle par décès ou par départ volontaire du fondateur marque une césure dans l'identité initiale de la marque. « Ce ne sera

---

1. A. Aacker, David, 1994.
2. Courrier à l'auteur de Maurice Opinel, Président d'Opinel SA, 08/02/01.
3. *Les Burgraves*, V, 13, Victor Hugo.

plus comme avant » dira l'environnement (clients, fournisseurs, partenaires, collaborateurs...) en la circonstance. La marque doit alors mettre en œuvre les moyens nécessaires pour retrouver son rythme et son identité.

Quel devenir pour le nom ? Trois cas de figure se présentent :

## Les valeurs et le savoir-faire sont transmissibles

Tant que les héritiers porteurs du nom (directs ou indirects) sont aux commandes, la marque peut être assurée d'une stabilité stratégique et d'un maintien des valeurs fondatrices. En effet, les successeurs les ont intégrées et les partagent depuis leur naissance. La marque s'impose avec un pouvoir naturel. Pour Vincent Bolloré[1], « *le nom, l'histoire, être le maillon d'une chaîne sont des valeurs essentielles pour moi* ».

Quand les héritiers familiaux non porteurs du nom (cousins, filles, gendres ou neveux) arrivent aux commandes, le nom devenant une marque est géré comme tel dans le respect des valeurs fondatrices et préserve son pouvoir légitime.

## Les valeurs et le savoir-faire sont non transmissibles

Sans parler de gênes, on peut convenir que le goût d'entreprendre paraît plus facilement transmissible dans l'éducation que l'inspiration du génie créateur. Qui a succédé à Madame Grès, Coco Chanel, Schiaparelli, Christian Dior, Hubert de Givenchy ou Yves Saint Laurent ?

> « *En annonçant la fin de sa maison de couture, Yves Saint Laurent s'est offert son dernier luxe : redevenir, quarante ans plus tard, l'homme dont l'identité était une marque.* »[2]

Par cet acte de liberté, Yves Saint Laurent, créateur solitaire, décide de laisser aux financiers et aux spécialistes du marketing le soin de gérer sa marque sans sa caution personnelle.

© Éditions d'Organisation

---

1. *Vincent Bolloré, Enquête sur un capitaliste au-dessus de tout soupçon*, Nathalie Raulin et Renaud Lecadre, Denoël, 2000, p. 16.
2. Le Monde, Editorial, 09/01/02.

*Témoignage*

**Ann-Charlotte Pasquier**
*Le nom d'un dirigeant est intéressant quand on est assimilé en tant que créateur dans la mode ou la couture ; cela pose le problème de la pérennité, car lié à la personne.* [1]

### Reprise d'un nom et d'un savoir-faire

Ce troisième cas de figure illustre l'entrée en marketing d'une marque privée des valeurs de la famille fondatrice.

• Les Biscuits Fossier et l'apéritif Lillet :
Dans ces cas, le nouveau propriétaire de la marque s'appuie sur l'origine du produit que garantit son nom. Il optimise ainsi le nom de marque en améliorant la fabrication, les réseaux de distribution et le rajeunissement de l'image.

• Les sportifs :
S'appuyant sur la notoriété acquise pendant leur carrière, les sportifs ont la caractéristique de se faire un nom très tôt et d'être oubliés très jeunes. Généralement dotés d'une forte capacité d'investissement, ils perpétuent leur gloire dans la création de produits qu'ils baptisent de leur nom : sont ainsi apparues les marques Killy, Sergio Tacchini (du nom de l'ancien champion italien de tennis) et 15 Serge Blanco (du nom de l'ancien arrière de l'équipe de France de rugby).
En 1960, le champion olympique Jean Vuarnet met au point une paire de lunettes en verre minéral destinée aux skieurs et aux marins qui limite les reflets et augmente les contrastes. Pour sa part, Luc Alphand vient de dévoiler son projet de création d'une bière au goût différent qu'il lancera de ses Alpes natales. Il la baptisera bière Alphand [2].

---

1. Entretien de l'auteur avec Ann-Charlotte Pasquier, Présidente d'Aubade, 25/06/01.
2. Déclaration de Luc Alphand. France-Info, 15/06/02.

*J'ai donné, je donne, je donnerai
mon nom à mon entreprise*

---Témoignage---

### Ils sont pour !

**Jean-Paul** M\ *AURY* (Président de Maury Imprimeur SA
– Entretien le 19/04/01) : « Donner son nom est un signal
fort à la société que l'on crée ou que l'on dirige. Cela
implique plus de rigueur. (...) C'est un acte courageux qui
disparaît parce que l'on ne veut plus s'afficher.(...) Porter
le nom de son entreprise, c'est l'honneur et la crédibilité.
C'est l'entreprise, c'est aussi votre famille : vous n'avez
pas le droit de salir votre nom, pour vous comme pour
les membres de la famille qui le portent, c'est trop important. »

**Ann-Charlotte** P\ *ASQUIER* (Présidente d'Aubade – Entretien le 25/06/01) : « Tout dépend de l'activité de l'entreprise, de la concurrence, etc. Cela peut être un plus pour
un créateur. »

**Christian** P\ *EUGEOT* (Directeur Marketing d'Automobiles
Peugeot – Entretien le 03/02/01) : « Un nom patronymique signifie pérennité et n'est finalement pas plus lourd
à porter pour une entreprise qu'un nom commun. »

## CHAPITRE 4

# La communication

## 1. Communiquer autour de la légende, du mythe et du culte du fondateur

### Mythe et légende

Le mythe des marques patronymiques est plus intéressant à travailler que la légende car il s'assimile à l'imaginaire : il favorise la fidélité des clients par une preuve de l'existence d'un homme qui rend la marque plus vraie que les autres. Le mythe a un caractère universel parce qu'il est compréhensible par tous. Il est cependant exclusif parce qu'il associe la marque aux réalisations exemplaires d'un homme.

Avec le départ du créateur, le nom d'Yves Saint Laurent devient-il une marque ou un mythe ? En réalité, son départ donne naissance à un mythe alors que son nom était déjà une marque.

De leur vivant, des créateurs ou des entrepreneurs accèdent au statut d'homme-entreprise car ils gèrent la singulière relation qui place leur nom au cœur de leur identité, de la dénomination sociale de leur entreprise, du nom de leurs produits comme celui de leur marque.

Ce sont en général des actions d'envergure permises par leurs aventures industrielles qui font entrer leur nom dans la légende : Marcel Bich et la coupe America, Paul Ricard et le circuit indissociable de son nom comme l'Institut Océanographique de l'île des Embiez. Ces réalisations accréditent ces personnages d'une représentation emblématique dont l'opinion en fait des légendes vivantes.

« L'aura et la vie mondaine d'André Citroën (...), la mise en scène de soi, l'anticonformisme affiché sont en grande partie calculés. La publicité qui entoure le patron se répercute forcément sur la marque, sans bourse délier, faisant de Citroën plus une « marque-personne » qu'une simple « marque-objet », modèle alternatif de personnalisation pour une époque encline au culte du leader. »[1]

## Culte du fondateur

« Il reste d'un homme ce que donnent à songer son nom, et les œuvres qui font de ce nom un signe d'admiration, de haine, d'indifférence »[2], ou d'hommage.

---

**Témoignage**

**Patrick RICARD**
*Quand cet homme a laissé les rênes de son entreprise il y a plus de 30 ans, quand alors disparu, il est présent dans tous les esprits et dont il reste le modèle de ses collaborateurs, alors il est possible de dire qu'il y a un culte du fondateur.*[3]

---

Ces figures, vénérées dans tous les aspects de leur génie, prennent valeur de symbole en revêtant différentes formes après la mort ou le retrait de l'action. Statues érigées, monnaies frappées, effigies, rues baptisées, bustes et portraits posés en certains lieux de l'entreprise, sont autant de marques d'attachement, de respect et d'hommages rendus au fondateur et ses valeurs. Ces matérialisations permettent de faire vivre le nom dans la mémoire des hommes et le moyen d'accéder à une seconde vie.

---

1. *Citroën, Essai sur 80 ans d'Antistratégie*, Joël Broustail et Rodolphe Greggio, p. 18.
2. *Introduction à la méthode de Léonard de Vinci*, Paul Valéry.
3. Patrick Ricard, Président de Pernod Ricard, Trophées des Éponymes, Sénat, 28/11/00.

*Témoignage*

**Michael BLOOMBERG**

*Avoir son nom sur une plaque ou sur la liste des généreux donateurs qui permettent aux organisations philanthropiques d'accomplir leurs missions, cela nous récompense toute notre vie (...).* [1]

Une autre forme de culte pousse l'admiration à la vénération : des amateurs éclairés et des collectionneurs déifient le nom d'un fondateur à travers les objets ou les produits conçus par lui, qu'ils entretiennent avec passion pour eux-mêmes et auprès de l'imaginaire populaire. L'automobile de collection avec ses rallyes, concours et défilés en est un exemple. À leur manière, les collectionneurs entretiennent le nom, la légende, le mythe. Ils participent au maintien de noms inscrits dans notre culture et organisent le patrimoine économique dans ses aspects productifs présents, passés, mais aussi à venir.

## 1.1. Communiquer autour du nom et de son histoire

### Le nom et son histoire comme objets de communication

Le nom est la première propriété d'un homme. Le patronyme couvre ainsi le caractère personnificateur d'une marque. Les publicitaires l'ont bien compris, qui exploitent la culture patronymique.

La communication renforce l'identité d'une marque patronymique, authentique ou inspirée :

– lorsqu'elle met en scène l'histoire ou le patrimoine
– en inventant parfois un patronyme.

**L'histoire** : Charles Gervais fait de son nom une marque en industrialisant le petit-suisse en 1852. La recette lui a été confiée par Madame Hérould, fermière dans le pays de Bray (Normandie) en 1850. La marque est ensuite relancée par le Groupe Danone en 1993. La campagne TV de lancement met

---

1. *Bloomberg par Bloomberg*, Michael Bloomberg, Village Mondial, 1999, p. 229 à 233.

en scène le personnage de Charles Gervais qui n'apparaît pas mais dont la présence fait dire aux apprentis : « Charles Gervais ? Il est odieux, mais c'est divin ! ».

De même, Moët et Chandon rachète Champagne Mercier en 1970. Dans la moitié des années 90, le groupe choisit de mettre en scène le fondateur avec le slogan : « Eugène Mercier, le fondateur ». La banque JP Morgan aussi. Dans sa campagne de publicité du début des années 2000, elle choisit une photo d'époque présentant le fondateur et son fils, accompagnée du slogan : « Si votre société porte votre nom, sur qui pouvez-vous compter ? ». Par ce visuel, le consommateur contemporain prend conscience de la capacité des valeurs à traverser le temps.

*Adaptation de l'histoire* : La marque trouve parfois son inspiration en puisant dans d'autres cultures. C'est le cas de la marque de bière George Killian : ce nom provient de George William Lett, authentique brasseur irlandais depuis des générations. Cependant, George William était trop proche phonétiquement d'un apéritif nommé John William quand les publicitaires découvrirent le nom d'un Saint Killian dans l'Histoire de l'Irlande :

> « À l'évidence, ce nom prédisposait d'un grand destin et puis, il sonnait avec une plénitude virile et généreuse, beaucoup plus irlandais finalement que William »[1].

De même, « Uncle Ben's » a réellement existé. La communication de la marque a fait de son histoire une véritable légende : on nous apprend qu'Uncle Ben était un planteur de riz texan d'origine afro-américaine. Son excellent riz était devenu la référence en termes de qualité. De ce fait, quelques années plus tard, lorsque Gordon L. Harwell se lance dans la fabrication et le commerce du riz, il choisit naturellement de donner le nom de Uncle Ben à son entreprise, symbole de qualité irréprochable.

---

1. *George Killian ou l'extraordinaire histoire d'un gentleman brasseur irlandais*, Jean René Ruttinger, Le Pré aux Clercs, 1990, p. 49.

Le besoin de s'appuyer sur des faits historiques ou légendaires, des personnages authentiques ou imaginaires, prouve la recherche d'une nécessaire personnification.

## *Marques patronymiques et anthropomorphisme*

### Personnages-logos

Par leur incarnation, les représentations humaines assurent un lien entre le produit et le consommateur qui y trouve complicité, rassurance, proximité. Ce lien s'inscrit dans une relation interpersonnelle et dans un registre affectif. Des personnages apprivoisent même la vie quotidienne et sont connus de plusieurs générations de consommateurs. Sans âge, ils échappent au temps et se font un nom et une histoire. Justin Bridou, Café Grand-Mère, Mamie Nova, La Laitière, Monsieur Propre, Père Dodu et Pierrot Gourmand sont des marques qui se sont données un nom et un visage.

Leur caractère indémodable et intemporel les installe dans le mythe publicitaire. Monsieur Propre est présent dans l'imaginaire de toutes les ménagères. Depuis 1960, sa présence et son sourire rassurent. Habillé d'un simple tee-shirt, les bras croisés sur des muscles saillants, il incarne celui qui résout les problèmes de la ménagère, dans une relation de personne à personne.

De même, Bibendum est le seul exemple au monde d'une mascotte-logo capable d'être citée à la place de l'entreprise. Dessiné par O'Galup en 1898 et classé en 2001 par le « Financial Times » meilleur logo du monde devant Coca Cola et Nike, Bibendum tient une place à part. Véritable repère dans l'univers du consommateur, il doit à son capital sympathie d'être le substitut de la marque aux yeux du public qu'il guide dans le monde entier.

Indéniablement, ces personnages participent à la notoriété et au capital de la marque à travers le temps, en s'adaptant au poids des années pour continuer de plaire au consommateur, avec un visage et une allure retravaillés au goût du jour. Cette nécessaire adaptation du graphisme touche même d'autres logotypes tels que les animaux anthropomorphes comme la Vache-Qui-Rit et le crocodile Lacoste, qui ont respectivement dépassé 80 et 70 ans.

### La marque personnifie seulement son nom

C'est le cas du « Monsieur de chez Peugeot (qui) a quelque chose à vous dire » mais personne ne l'a jamais rencontré après l'avoir entendu. Idem pour le virtuel Mister Bloom, du fleuriste on-line Bebloom, qui ne parle pas mais apporte une note humaine nécessaire sur la toile. Pour Yann Jallerat (représentant de la 3$^{ème}$ génération de la famille Jallerat, qui exerce ses activités d'horticulture en région parisienne sous son nom), cofondateur de Bebloom :

> **Témoignage**
>
> **Yann** JALLERAT
> *Par rapport au commerce traditionnel, il fallait compenser l'univers froid d'internet. Les clients ne s'adressent pas à la société mais à un interlocuteur. C'est un souci de personnalisation du contact.*[1]

### Portrait et signature du fondateur

Enfin, la dernière tendance du marketing met en scène le portrait et la signature de l'auteur d'une recette, garantie de son savoir-faire entre la fabrication artisanale et la fabrication industrielle. Cette tendance fait apparaître le prénom à côté du nom du fondateur, accompagné de son portrait dessiné avec modernité comme Giovanni Panzani, Sir Thomas Lipton – le gentleman du thé – et Maître Kanter.

> **Témoignage**
>
> **Alain** AFFLELOU
> *Le prénom donne un côté humain à la marque.*[2]

---

1. Entretien de l'auteur avec Yann Jallerat, Cofondateur de Bebloom, 18/10/01.
2. Entretien de l'auteur avec Alain Afflelou, Président d'Alain Afflelou, 26/06/01.

En rajoutant ainsi le prénom, la marque enracine son nouveau projet dans la légitimité de l'identité d'un personnage, qu'il soit vrai ou faux.

## 1.2. Eponymie et communication

L'éponymie se définit dans le fait de porter le nom de son entreprise. Dans cette situation singulière, le nom du dirigeant est à la fois son identité, la dénomination sociale de son entreprise, assimilé parfois à des produits et à une marque. Cette originalité place les intéressés au centre d'un système de communications à organiser à partir de la personne.

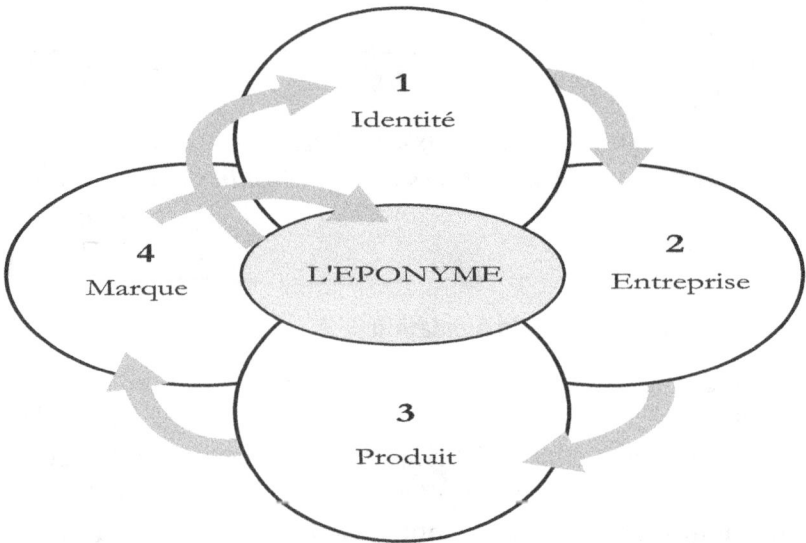

Plusieurs types de communication coexistent :

- La communication personnelle et la communication corporate
- La communication personnelle et la communication de marque

### Communication personnelle et communication corporate

Comme l'entreprise peut vivre indépendamment de la marque, le dirigeant porteur du nom a la capacité de se distinguer de la communication de son entreprise ou de celle de sa marque.

Les évènements qui touchent la communication corporate ou la communication de crise le font parler en tant que dirigeant et non en tant que porteur du nom. Quand François Michelin, « le patron », parlait à la presse, sa prise de parole était considérée comme un événement. Le dirigeant gère donc ces deux aspects de front, sans antinomie, car ces deux aspects de communication s'éliminent. Il n'y a pas collusion entre le patronyme et la dénomination sociale.

---

*Témoignage*

**Patrick Ricard**
*Ricard vit sa vie, moi la mienne. Parler des marques, de la société, oui ; le reste, non.* [1]

**Norbert Dentressangle**
*Le nom est un couple indissociable service/marque. Un détachement physique de l'entreprise mais un attachement au nom.* [2]

---

### Communication personnelle et communication de marque

Le dirigeant vend la marque mais ne se vend pas lui-même parce qu'il s'efface devant elle pour en assurer la promotion. Dans ce cas, on peut se demander à qui le nom profite vraiment : à la marque qui bénéficie de l'image que représente le dirigeant ou au dirigeant lui-même ?

Pour Alain Afflelou [3] : « *La marque prend le pas sur l'individu en terme d'impact.* »

---

1. Entretien de l'auteur avec Patrick Ricard, Président de Pernod Ricard, 18/02/02.
2. Entretien de l'auteur avec Norbert Dentressangle, Président du Groupe Norbert Dentressangle, 29/08/01.
3. Entretien de l'auteur avec Alain Afflelou, Président d'Alain Afflelou, 26/06/01.

**Claude TAITTINGER**

*Peu à peu, vous avez le sentiment que ce produit, qui au début était comme votre ombre, (...), que cette ombre s'écarte lentement de vous ; elle prend sa vie, elle devient un être qui est à vos côtés et, tout à coup, une sorte de rivalité se dessine entre cette ombre et celui qu'il l'a créée. Quel est celui qui l'emportera en notoriété, quel est celui ou celle qui va finalement tirer vers l'image, vers le haut, vers la notoriété, tout un ensemble de personnes ou de produits ? Alors, cette espèce de dualité, de dichotomie, qui se fait entre votre ombre, votre marque et vous-même, est en même temps stimulante.* [1]

On retiendra de ces aspects l'intérêt du dirigeant de ne pas abuser du nom qu'il porte pour ne pas nuire à l'image de l'entreprise ni de celle de la marque. La meilleure façon de gérer une marque patronymique semblerait donc de couper tout lien entre la marque et la personne. À ce titre, Giorgio Armani affirme dans un subtil dédoublement, en parlant de ses brèves relations avec le groupe LVMH, il y a un ou deux ans : « *Une approche flatteuse et séduisante tant pour ma personne que pour la Giorgio Armani* ». [2]

## 1.3. L'homme-marque : centre de gravité des communications

Inventeur d'un produit et/ou développeur de la marque, le porteur du nom est le dénominateur commun de toutes les formes de communications. Homme-entreprise dans la communication corporate, le dirigeant fusionne avec l'homme-marque en étant l'acteur de la communication produit. Cette communication n'est possible que pour les entreprises dont l'activité est unique, où la monoculture permet l'assimilation du nom du dirigeant avec celui de l'entreprise, des produits et de la marque.

1. Claude Taittinger, Président de Champagne Taittinger SA, Trophées des Éponymes, Sénat, 28/11/00.
2. Les Echos, « Armani, le gourou du luxe », 13/03/02.

Ceci est une incontestable valeur ajoutée due au patronyme commun. Ce nom est celui du dirigeant centralisant toutes les formes de communication et sa force est telle qu'en cas de crise, « le patron », qui incarne les valeurs est à même de protéger, à la fois, l'image corporate, celle de la marque et du produit.

---

*Témoignage*

**Alain** Afflelou
*Ma présence en tant qu'opticien crédibilisait le message, lui apportait une caution supplémentaire. J'apportais enfin une sorte de chaleur, de proximité, de gentillesse et de sincérité. J'ai été le premier chef d'entreprise à le faire.*[1]

---

La capacité du dirigeant de se montrer personnellement dans la publicité de ses produits est une exception et un pari. Ce choix est cependant l'expression la plus intégrée de la communication de la marque patronymique. C'est un acte courageux et rare, en rupture avec les règles traditionnelles de la communication commerciale. En s'exprimant sur ce registre, l'homme-marque se place dans l'innovation et l'audace. Cette forme de communication a pour effet une évidente efficacité parce qu'elle retient l'attention du consommateur. Qu'il apprécie ou non, le consommateur reste marqué dans son imaginaire.

Notion liée au fondateur ou au développeur, le fait d'être homme-marque permet à celui-ci de défier le temps, mais seulement pendant son existence. Il propulse sa marque au devant de la scène avec l'objectif de l'y laisser après son retrait.
- De son vivant, il cautionne la marque légitimement à son lancement et dans ses développements.
- Disparu ou longtemps après, il légitime, par son souvenir, la marque dans ses racines.

Dans ce rôle, l'homme-marque cautionne les produits, fidélise les consommateurs, incarne et transmet les valeurs. De

---

1. Entretien de l'auteur avec Alain Afflelou, Président d'Alain Afflelou, 26/06/01.

cette manière, il rassemble toutes les attentes de la communication. Il en est le début et la fin.

L'homme-marque relèverait-il de la « Star Strategy » ? Non, car cette forme de communication ne profite pas à l'homme seul, mais à la marque dans sa globalité.

---

**Témoignage**

**Norbert DENTRESSANGLE**
*Quand la marque s'identifie au service, qui s'identifie à l'individu, c'est la plénitude.* [1]

**Patrick RICARD**
*Etre homme-sandwich, pour un seul produit n'est pas choquant, c'est ce que faisait mon père.* [2]

---

Norbert Dentressangle l'a compris en lançant sa première campagne radio :

---

**Témoignage**

**Norbert Dentressangle s'adresse à ses conducteurs**
Il dit à propos de cette campagne : « *Les messages de la campagne, de par leur contenu relatif à la qualité de service et à la sécurité routière, s'adressaient à la fois aux conducteurs routiers du Groupe et au Grand Public. La campagne a été bien perçue, en interne par la reconnaissance qu'elle donnait au métier de conducteur routier, comme en externe par l'effet inattendu d'entendre un patron s'exprimer sur des comportements et des valeurs.*
*En choisissant cet axe de communication, je mettais évidemment toute l'entreprise en tension sur la notion d'exemplarité, la recherche de l'excellence, le respect absolu de nos valeurs.* »

---

1. Entretien de l'auteur avec Norbert Dentressangle, Président du Groupe Norbert Dentressangle, 29/08/01.
2. Entretien de l'auteur avec Patrick Ricard, Président de Pernod Ricard, 18/02/02.

Plus subtile mais basée sur la même approche de communication globale, la campagne TV du premier trimestre 2002 a identifié Norbert Dentressangle à ses collaborateurs (sur un chariot élévateur dans les entrepôts, sortant de la fosse d'entretien après la révision d'un camion) sans jamais apparaître personnellement. Comme à la radio, cette campagne suggérait, clairement et globalement, la stratégie du groupe et le sentiment d'appartenance de ses collaborateurs.

## 1.4. Communication universelle et identitaire par le web

Accessible à n'importe quel moment dans n'importe quel lieu du globe, l'Internet présente l'avantage de pouvoir accéder instantanément à n'importe quel site de marque patronymique. Mieux que d'autres outils au service de la communication, le Web conjugue à la fois la permanence et l'universalité qui composent la culture identitaire des marques patronymiques.

La facilité d'accès aux informations disponibles permet une appropriation ou une ré-appropriation immédiate des caractéristiques de la marque patronymique dans son ancrage culturel, dès la page institutionnelle :

*L'histoire* : Elle installe la notoriété de la marque, expose le portrait du ou des fondateurs, explique les étapes du développement de l'entreprise et de ses produits phares au fil des pages.

*Les principes d'action* se rassemblent autour de la photo et du mot du président, sa vision, l'affichage des valeurs et la charte éthique.

Sur son site Internet, la société BIC résume ses principes sous le titre « Vision et Valeurs » :

> « *Nous voulons faire de BIC une société à part, dotée d'un esprit particulier, associant respect mutuel et ambitions professionnel-*

© Éditions d'Organisation

*les et caractérisée par : Ethique, Professionnalisme, Internatio-*
*nal, Leadership, Travail en équipe ».*

Outre l'aspect fédérateur, le site prolonge les caractéristiques de la marque patronymique : son authenticité et sa personnification restent des composantes tangibles malgré le lien virtuel. Celui-ci assure la proximité nécessaire pour les partenaires internes et externes du monde entier tels que les collaborateurs, clients, fournisseurs et actionnaires.

*J'ai donné, je donne, je donnerai
mon nom à mon entreprise*

*Témoignage*

## Ce qu'ils conseillent aux jeunes !

**Alain Afflelou** (Entretien le 26/06/01) : « S'il rachète une entreprise et souhaite lui donner son nom, cela n'a pas de sens. S'il peut revendiquer à titre personnel les intentions qui l'ont amené à créer, alors pourquoi pas, oui. »

**Xavier Aubercy** (Entretien le 27/07/01) : « Porter son nom est une condamnation à réussir et à mieux faire. »

**Pierre Bellon** (Sodexho – Entretien le 03/07/01) : « Il faut encourager les jeunes à créer leur propre entreprise. Porter le nom ou pas, ça n'a pas d'importance. Si un jeune me demande que l'entreprise porte son nom, je ne le dissuaderais pas. »

**Norbert Dentressangle** (Entretien le 29/08/01) : « Je lui conseillerai de le faire. On manque de courage, d'engagement. Donner son nom est une signature, c'est une pression et c'est faire preuve d'humilité en même temps parce que c'est donner un engagement fort : s'il signe de son nom, il doit y croire. »

**Lionel Poilâne** (Entretien le 23/06/01) : « Si le jeune est préparé psychologiquement, si l'utilisation est comme un oriflamme, oui. Donner son nom, c'est audacieux. Et, vis-à-vis du consommateur, cette initiative est une garantie individuelle – ce qui est plus fort qu'une garantie collective de type « label ». Il n'est pas souhaitable, selon moi, d'associer le prénom au nom de famille car on peut transmettre l'entreprise et le patronyme, pas l'individu. »

**Patrick Ricard** (Entretien, 18/02/02) : « S'il n'a pas de meilleur nom, pourquoi pas son nom ? »
(Entreprendre, 04/01) : « Je lui dirais simplement que si on réfléchit, on n'agit pas. L'enthousiasme et l'inconscience de la jeunesse permettent à des petits de prendre la place des plus grands. Cependant, être entrepreneur est inné. Cela ne s'apprend pas. Alors, quand on a en soi l'esprit entrepreneurial, il faut agir. »

# EN MARGE DU NOM

## Les lettres du luxe

LVMH est un groupe de lettres : cela s'appelle un tétra-gramme. C'est aussi un groupe de luxe, bâti sur les initiales – cela s'appelle un monogramme – d'un artisan qui marquait les produits de son nom : Louis Vuitton. Ces quatre lettres se lisent comme un nom ou comme une phrase imaginaire : Elle, V, aime H... Comme au théâtre, le groupe Louis Vuitton Moët Hennessy est un ensemble d'œuvres et forme une unité qui répond à des lois. Le temps d'abord, qui ne respecte pas ceux qui travaillent sans lui : de l'artisan à l'industriel, le savoir-faire tellement immuable de chacune des marques semble échapper à cette règle. Le lieu ensuite. C'est celui des ateliers, des caves, des terroirs, où s'éveillent les sens. Quant à l'espace, il ressemble au territoire de chaque client dans le monde entier.

Bernard LOGIÉ

Il arrive parfois que les hommes politiques laissent leur nom à un texte de loi ou à un plan d'action marquant ainsi pour un temps leur contribution à la chose publique. Dans le monde des affaires, il est beaucoup plus fréquent que les créateurs d'entreprises donnent leur patronyme à la société qu'ils ont fondée, voulant ainsi marquer de manière indélébile leur création dans l'espoir que leur œuvre survivra aux aléas de la vie des affaires et des changements de direction et de générations.

C'est dire que donner son nom à une entreprise ou à une marque est un acte aussi fort que celui de baptiser un enfant.

Alors que l'usage du nom et sa transmission en matière d'état des personnes sont soumis à une stricte réglementation, l'usage d'un nom en matière commerciale bénéficie d'un régime de plus grande liberté. Ainsi, outre la possibilité d'user d'un nom patronymique comme nom commercial, enseigne ou dénomination sociale, le Code de la Propriété Intellectuelle prévoit expressément la possibilité de déposer un nom patronymique comme marque de commerce ou de service.

Celui-ci se détache alors de la personne qu'il sert à nommer pour devenir un objet de propriété incorporelle appartenant dès lors à la personne morale. Cette position de la jurisprudence a été fixée après de longues hésitations par la décision de la Chambre commerciale de la Cour de Cassation en date du 12 mars 1985 qui statue dans une affaire Bordas.

Elle affirme ainsi : « *que ce patronyme est devenu en raison de son insertion dans les statuts de la société... un signe distinctif qui s'est détaché de la personne physique qui le porte, pour s'appliquer à la personne morale qu'il distingue et devenir ainsi objet de propriété incorporelle* ». Cette qualification interdit dès lors de revenir sur l'apport qui en a été fait à la société.

Dans le domaine du luxe, il est de pratique généralisée que les créateurs donnent leur nom à leur société pour se démarquer de leurs concurrents, mais aussi pour souligner leur originalité et mettre en valeur leur talent et leur style.

LVMH Fashion Group, la branche « Mode et Maroquinerie » de LVMH – Moët Hennessy Louis Vuitton, leader mondial de l'industrie du luxe, réunit ainsi un ensemble de marques prestigieuses qui portent toutes ou presque le nom ou le prénom de leurs fondateurs. Il est difficile de ne pas céder au plaisir de les citer. Depuis *Loewe*, la plus ancienne, fondée en 1846 par Enrique Loewe en passant par *Louis Vuitton*, dont on fêtera les 150 ans en 2004, *Berluti* installé à Paris depuis 1895, *Fendi* créée en 1925, *Céline* fondée en 1945, *Emilio Pucci* en 1951, *Givenchy* en 1952 et *Kenzo* en 1970 jusqu'aux plus récentes, créées au milieu des années quatre-vingt comme *Donna Karan, Christian Lacroix* et *Marc Jacobs*, toutes restent profondément marquées par leurs fondateurs et l'esprit qu'ils y ont insufflé.

Même si les aléas de la vie des affaires ont conduit ces sociétés à passer d'une gestion familiale à une gestion « entrepreneuriale », ce changement n'a nullement altéré les valeurs portées par ces marques. Les collaborateurs de chacune d'elles sont initiés à la culture de leur maison pour qu'ils la respectent, en perpétuent l'esprit et y trouvent une nouvelle source d'inspiration et de motivation.

Chez Vuitton, par exemple, chacun connaît la trilogie familiale de Louis, le fondateur, de Georges, son fils et créateur de la toile monogram en 1896 et de Gaston, le petit-fils, qui poursuivit et développa l'œuvre de ses père et grand-père.

Certains membres des familles fondatrices continuent d'ailleurs de participer de manière active au développement des marques créées par un de leurs ancêtres, régénérant ainsi le mythe du fondateur et la pérennité des valeurs tant dans l'esprit des collaborateurs de l'entreprise que dans celui du public.

C'est ainsi qu'une personnalité telle que Patrick *Louis* Vuitton constitue l'un des principaux ambassadeurs de la marque Louis Vuitton. Olga Berluti, descendante du fondateur, continue quant à elle, de créer de merveilleux souliers qui ont fait la réputation et le succès de Berluti. De son côté, Laudomia Pucci, fille du marquis Emilio Pucci di Barsento, met sa connaissance et son expérience au service de l'image de la marque.

Finalement, c'est sans doute parce qu'une marque constituée d'un nom patronymique est une histoire par elle-même, qu'elle a ce rayonnement si particulier et si différent de celui d'une société au nom inventé de toutes pièces.

Le nom patronymique constitue ainsi un véritable signe de ralliement et favorise de ce fait le renforcement des liens entre l'entreprise et ses collaborateurs pour fixer un sentiment très fort d'identification et d'appartenance.

Nul doute dès lors que le patronyme restera encore pour longtemps la manière la plus directe pour le créateur d'entreprise de se distinguer de ses concurrents, mais aussi de laisser son empreinte sur son œuvre.

Jacques Bessy.
Directeur de la Propriété Intellectuelle
LVMH Fashion Group

# Les marques patronymiques en chiffres

## 1. Les marques patronymiques préférées des Français

| Rang | Classement ESCP-EAP [1] | Classement Salon des Entrepreneurs [2] | Classement CSA/Capital [3] |
|---|---|---|---|
| 1 | Leclerc | Edouard Leclerc | Evian |
| 2 | Renault | | Michelin |
| 3 | Michelin | Alain Afflelou | Peugeot |
| 4 | Bouygues | François Michelin | Mercedes |
| 5 | PPR Pinault | François Pinault | Renault |
| 6 | Peugeot | Jean-Luc Lagardère | Philips |
| 7 | Citroën | | BMW |
| 8 | Lagardère | | Sony |
| 9 | Dassault | | Chanel |
| 10 | Rothschild | | Pampers |
| 11 | Christian Dior | | Nestlé |
| 12 | Afflelou | | Nivéa |
| 13 | Y S L | | Kleenex |
| 14 | Louis Vuitton | | YSL |
| 15 | Andersen | | Perrier |
| 16 | Bolloré | | Thomson |
| 17 | Ford | | Levi's |
| 18 | JP Morgan | | Dior |
| 19 | Chanel | | Yoplait |
| 20 | Ricard | | Adidas |

---

1. Etude Eponymes, ESCP-EAP Conseil, 29/11/01.
2. Salon des Entrepreneurs/APCE, Etude IFOP Janvier-Février 2002.
3. Sondage exclusif CSA/Capital : Les marques préférées des Français, Septembre 2001.

## 2. Les marques patronymiques parmi les 100 premières marques industrielles et de service au monde

(Classement *Les Echos*[1] et *Family Business Magazine*[2])

| Classement FamBiz Magazine | | Classement Les Echos | | | |
|---|---|---|---|---|---|
| Rang[3] | | Dénomination sociale | Pays | Activité | Chiffre d'Affaires Millions € |
| 2 | | Wal-Mart | Etats-Unis | Distribution | 206 604 |
| 4 | | Ford | Etats-Unis | Automobile | 181 140 |
| 5 | PSA Peugeotv Citroën | Daimler | All/EU | Automobile | 162 379 |
| 10 | Robert Bosch GmbH | Chrysler | | | |
| 11 | | | Japon | Automobile | 131 214 |
| 12 | | Toyota | Japon | Négoce | 123 725 |
| 13 | Ito-Yokado | Itochu | | | |
| 14 | J Sainsbury | | Japon | Chimie | 108 728 |
| 15 | Pinault-Printemps Re | Sumitomo | | | |
| 17 | Bouygues | | | | |
| 18 | Bertelsmann | | | | |
| 19 | Otto Group | | | | |
| 20 | Michelin | | | | |
| 22 | | | Allemagne | Electrotechnique | 78 390 |
| 23 | Karstadt Quelle | Siemens | Japon | Electronique | 74 365 |
| 24 | | Matsushita | Japon | Négoce | 74 180 |
| 26 | Lagardère | Nissho Iwai | | | |
| 27 | Henkel Group | | | | |
| 29 | | | Etats-Unis | Tabacs | 67 397 |
| 32 | Bombardier | Philip Morris | Japon | Automobile | 62 134 |
| 34 | Gerling Konzern AG | Honda | | | |
| 36 | | | Etats-Unis | Informatique | 57 544 |
| 38 | | Hewlett-Packard | Etats-Unis | Aéronautique | 54 663 |
| 39 | Tetra Laval | Bœing | | | |
| 40 | | | Suisse | Agroalimentaire | 53 517 |
| 43 | Tata Entreprise | Nestlé | | | |
| 45 | Kumagai Gumi Co | | Pays-Bas | Distribution | 52 469 |
| 49 | Koç Group | Ahold | | | |
| 50 | Thomson Corp | | | | |

/.../

1. *Enjeux Les Echos*, Hors Série, 11/01.
2. *Family Business Magazine*, The guide for family companies, Hiver 2001.
3. N'ont été reprises dans ce tableau que les marques patronymiques.

/.../

| Rang | Classement FamBiz Magazine | Dénomination sociale | Pays | Activité | Chiffre d'Affaires Millions € |
|------|------|------|------|------|------|
| 53 | Boehringer Ingelheim | | | | |
| 55 | | PSA Peugeot Citroën | France | Automobile | 44 181 |
| 56 | Omer Sabanci Holdin | | | | |
| 57 | | Sears | Etats-Unis | Distribution | 43 603 |
| 58 | McCain Foods Ltd | Merck | Etats-Unis | Pharmacie | 42 992 |
| 60 | | Procter&Gamble | Etats-Unis | Biens de conso | 41 676 |
| 61 | Lazard LLC | | | | |
| 62 | Saudi Binladin Group | | | | |
| 63 | | Renault | France | Automobile | 40 175 |
| 66 | Ancré&Cie | | | | |
| 67 | | Albertson's | Etats-Unis | Distribution | 39 529 |
| 68 | Oetker Group | | | | |
| 69 | Bolloré | MCKesson | Etats-Unis | Distribution | 38 361 |
| 70 | Espirito Santo | | | | |
| 72 | Otsuka Pharma | Philips | Pays-Bas | Electronique | 37 861 |
| 73 | | Thyssen Krupp | Allemagne | Sidérurgie | 37 206 |
| 74 | Porsche | | | | |
| 77 | Jeronimo Martins | | | | |
| 78 | Dassault Aviation | | | | |
| 81 | Metalurgi Gerdau SA | | | | |
| 83 | | Dell | Etats-Unis | Informatique | 34 289 |
| 84 | | JC Penney | Etats-Unis | Distribution | 34 243 |
| 88 | Al Kharafi&Sons | | | | |
| 93 | Holtzbrinck | | | | |
| 94 | | Pfizer | Etats-Unis | Pharmacie | 31 500 |
| 95 | Barilla G&R Fratelli | | | | |
| 97 | Swire Pacific Ltd | | | | |
| 98 | Benetton Group | | | | |
| 99 | Schroders | | | | |
| 100 | Saudi Oger | | | | |

## 3. Les marques patronymiques parmi les 100 premières marques industrielles et de service en Europe

(Classement *Les Echos*[1])

| Rang | Dénomination sociale | Pays | Activité | CA Millions € |
|---|---|---|---|---|
| 1 | DaimlerChrysler | Allemagne/EU | Automobile | 162 379 |
| 6 | Siemens | Allemagne | Electrotechnique | 78 390 |
| 11 | Nestlé | Suisse | Agroalimentaire | 53 517 |
| 14 | Ahold | Pays-bas | Distribution | 52 469 |
| 15 | Unilever | Royaume Uni/PB | Agroalimentaire, hyg | 47 581 |
| 17 | PSA Peugeot Citröen | France | Automobile | 44 181 |
| 21 | Renault | France | Automobile | 40 175 |
| 22 | Philips | Pays-bas | Electronique | 37 861 |
| 23 | Thyssen Krupp | Allemagne | Sidérurgie | 37 206 |
| 35 | Olivetti | Italie | Electronique | 30 116 |
| 36 | Bayer | Allemagne | Pharmacie | 29 985 |
| 40 | J. Sainsbury | Royaume-Uni | Distribution | 27 123 |
| 44 | Pinault Printemps Redoute | France | Distribution | 24 761 |
| 56 | Bouygues | France | BTP, TV, Télécoms | 19 060 |
| 58 | Roche | Suisse | Pharmacie | 18 846 |
| 62 | Delhaize | Belgique | Distribution | 18 168 |
| 67 | Bertelsmann | Allemagne | Edition, comm. | 16 523 |
| 72 | Michelin | France | Pneumatiques | 15 396 |
| 74 | Gehe | Allemagne | Négoce en pharmacie | 15 344 |
| 77 | Karstadt Quelle | Allemagne | Distribution | 15 240 |
| 87 | Akzo Nobel | Pays-bas | Chimie | 14 003 |
| 89 | Marks&Spencer | Royaume-Uni | Distribution | 13 661 |
| 91 | Mannesmann | Allemagne | Biens d'équipement | 13 112 |
| 92 | Ford-Werke | Allemagne | Automobile | 13 111 |
| 97 | Henkel | Allemagne | Chimie | 12 779 |

1. *Enjeux Les Echos*, Hors Série, 11/01.

© Éditions d'Organisation

## 4. Les marques patronymiques parmi les 100 premières marques industrielles et de service en France

(Classement *Les Echos*[1])

| Rang | Dénomination sociale | Activité | CA Millions € |
|---|---|---|---|
| 4 | PSA Peugeot Citroën | Automobile | 44 181 |
| 5 | Renault | Automobile | 40 175 |
| 11 | PPR | Distribution | 24 761 |
| 15 | Leclerc | Hypermarchés | 23 172 |
| 20 | Bouygues | BTP, TV, Télécoms | 19 060 |
| 20 | Automobiles Peugeot | Automobile | 18 357 |
| 25 | Michelin | Pneumatiques | 15 396 |
| 31 | Lafarge | Mat. de construction | 12 216 |
| 32 | Lagardère | Défense, média, auto | 12 192 |
| 33 | Christian Dior | Holding | 11 867 |
| 34 | Pechiney | Aluminium | 10 679 |
| 38 | Eridania Beghin Say | Sucre | 9 805 |
| 39 | Schneider Electric | Appareils électriques | 9 696 |
| 41 | Thomson Multimédia | Electroménager, hifi, TV | 9 094 |
| 45 | Cap Gemini Ernst&Young | Conseil informatique | 8 457 |
| 50 | Colas | Travaux routiers | 6 517 |
| 51 | Renault VI | Véhicules industriels | 6 516 |
| 52 | Bouygues Construction | BTP, parapétrolier, électricité | 6 222 |
| 55 | Hewlett Packard Fance | Electronique et informatique | 6 133 |
| 64 | Bolloré Investissements | Holding industriel | 5 119 |
| 67 | Pernod Ricard | Fabrication spiritueux | 4 382 |
| 74 | Nestlé France | Pdts alimentaires | 3 884 |
| 75 | Bongrain | Fromages, pdts laitiers | 3 874 |
| 77 | Dassault Aviation | Construction aéronautique | 3 486 |
| 79 | Hachette Distribution Services | Distribution presse | 3 294 |
| 79 | Lagardère Edition et Presse | Revues, périodiques, livres | 3 269 |
| 80 | Ford France | Automobile | 3 095 |
| 81 | Daimler-Chrysler France | Automobile | 3 064 |
| 84 | Soufflet | Négoce grains, céréales | 2 897 |
| 88 | Legrand | Appareillage électrique | 2 799 |

1. *Enjeux Les Echos*, Hors Série, 11/01.

# BIBLIOGRAPHIE

## 1. Bibliographie générale

Emile Benveniste, *Problèmes de linguistique générale*, NRF, Gallimard, 1971.

Michel Carmona, *Haussman*, Fayard, 2000.

Jacques Chardonne, *Les destinées sentimentales*, Bernard Grasset, 1947.

Albert Dauzat, *Les Noms de Famille de France*, Payot, Paris, 1945.

Auguste Detœuf, *Propos de O.L. Barenton Confiseur*, Editions du Tambourinaire, 1948, Editions d'Organisation, 1982.

Paul Fabre, *Les noms de personnes en France*, PUF, 1998.

Victor Hugo, *Les Burgraves*, V 13.

John Lyons, *Linguistique Générale*, Larousse, 1970.

Thomas Mann. *Les Buddenbrook*. La Pochotèque. 1994.

Microsoft, *Atlas Mondial Encarta*, 2000.

Gérard Paul-Cavallier et Maurice Hamon, *Carnet de voyage à Saint-Gobain*, Somogy, Editions d'art, Paris 2000.

*Le Livre du Chocolat*, Flammarion, 1995.

Marie-Thérèse Morlet
– *Les noms de famille de France* (3ᵉ édition revue et complétée, 1977, 471 p.).
– *Dictionnaire étymologique des noms de famille*, Perrin, 1999.

## Histoire économique

Jean-Yves Andrieux, *Le Patrimoine Industriel*, Paris, PUF, 1992.

E. Beau de Loménie, *Les Responsabilités des dynasties bourgeoises*, Editions Denoël, 1943. La Librairie Française, 1977 by J.G. Malliarakis.

Alain Beltran, Sophie Chauveau, Gabriel Galvez-Behar, *Des brevets et des marques*, Fayard, 2001.

François Caron, *Les Deux Révolutions Industrielles du XXᵉ siècle*, Albin Michel, 1997.

François Caron, « Internet, 3ᵉ révolution industrielle » Liberty Surf Group Advertising, fév. 2001.

Olivier Darmon, *Le grand siècle de Bibendum*, Hoëbeke, 1997.

Maurice Daumas (dir), *Histoire Générale des Techniques*, Paris PUF, 1979 (5 vol.).

Jean Garrigues, *Banania : Histoire d'une passion française*, Editions du May, 1991.

Bertrand Gille (sous la direction de), *Histoire des Techniques*, Encyclopédie de La Pléiade, Gallimard, 1993.

Maurice Hamon et Felix Torrès, *Mémoire d'avenir. L'histoire dans l'entreprise*, Economica, 1987.

Yves Maerten, Nathalie Duronsoy, Valérie Leroy, *Epopée d'une boisson. La chicorée dans le Nord-Pas-de-Calais*, Documents d'Ethnographie Régionale du Nord-Pas-de-Calais, N°4, 1993.

Jacques Marseille (sous la direction de), *Créateurs et créations d'entreprises*, ADHE, Paris, 2000.

Tristan de La Broise, Félix Torres, *Schneider, l'histoire d'une force*, Jean-Pierre de Monza, 1996.

*Les Schneider, Le Creusot. Une famille, une entreprise, une ville*, Fayard, Catalogue de l'exposition tenue au musée d'Orsay et au Creusot, 1995.

Florence Ott, *La Société Industrielle de Mulhouse, 1926-1876*, Presses Universitaires de Strasbourg, 1999.

Denis Woronoff, *Histoire de l'industrie en France Du XVIᵉ siècle à nos jours*, Seuil, 1994.

Denis Woronoff, *François de Wendel*, Presses de Sciences Po, 2001.

*Les patrons du Second Empire*, Editions Cénomane, 6 volumes de 1991 à 1999.


## L'automobile

Emmanuel Chadeau, *Louis Renault*, Plon, 1998.

Patrick Fridenson, *Histoire des Usines Renault*, Editions du Seuil, 1972.

Jean-Pierre Bardou, Jean-Jacques Chanaron, Patrick Fridenson, James M.Laux, *La Révolution Automobile*, Albin Michel, 1977.

J.A. Grégoire, *50 ans d'Automobile*, Flammarion, 1974.

Alain Jemain, *Les Peugeot*, JC Lattès, 1987.

Jean-Louis Loubet, *Automobiles Peugeot*, Economica, 1990.

Jean-Louis Loubet, *Histoire de l'Automobile Française*, Le Seuil, 2001.

Charles Rocherand, *L'Histoire d'André Citroën*, Editions Lajeunesse, 1938 et entretien avec l'auteur (Septembre 1975).

Claude-Alain Sarre, *Les Panhard et Levassor*, ETAI, 2000.

Joël Broustail et Rodolphe Greggio, *Citroën, Essai sur 80 ans d'antistratégie*, Vuibert, 2000.

## 2. Bibliographie Economie / Mercatique

### Ouvrages

David Aacker, *Le management du capital-marque*, Editions Dunod, 1994.

Bigné Alcaniz, *La empresa familiar : retos de futuro*, Iberdola, Valencia, 1999.

Bernard Arnault, *La passion créative*, Plon, 2000.

Pierre et Muriel Bessis, *Les Noms qui gagnent : l'alchimie des noms irrésistibles*, Presses du Management, 1998.

Marcel Botton et Jean Jack Cegarra, *Le nom de marque*, Ediscience International, 1999.

Marcel Botton et Jean Jack Cegarra, *Le nom de la marque : Création et stratégie*, Mc Graw-Hill, 1990.

Lionel Brault, *La communication d'entreprise au-delà du modèle publicitaire*, Dunod, 1992.

Michel Crozier, Erhard Friedberg, *L'acteur et le système*, Le Seuil, 1981.

Bernard Catry et Airelle Buff, *Le gouvernement de l'entreprise familiale*, Publi Union, 1996.

Bernard Cova et Olivier Badot, *Le Néo-marketing*, ESF Editeur, 1993.

Miguel Angel Gallo, *Empresa familiar : texto y casos*, Barcelona Praxis, 1995.

Serge Grafteaux, *La mère Denis : L'histoire vraie de la lavandière la plus célèbre de France*, Jean-Pierre Delarge éditeur, 1976.

Pascale Grelot et Alfred Zeyl, *Les marques en question*, Fondation pour la recherche en Distribution, 1982-83.

Rémi-Pierre Heude, *L'Image de marque*, Editions Eyrolles, 1989.

Jean-Noël Kapferer, *Les marques : capital de l'entreprise*, Editions d'Organisation, 2000.

Jean-Noël Kapferer, *Remarques*, Editions d'Organisation, 2001.

G. Kleiber, *La sémantique du prototype*, Paris, PUF, 1990.

Georges Lewi, *L'Odyssée des marques*, Albin Michel, 1996.

Georges Lewi, *Sale temps pour les marques*, Albin Michel, 1996.

Daniel-Edgard et Marielle Michel, *Gérer l'entreprise familiale*, Editions d'Organisation, 1985.

Pierre-Antoine Pontoizeau, *La communication culturelle*, Armand Colin, 1992.

Nathalie Raulin et Renaud Lecadre, *Vincent Bolloré : Enquête sur un capitaliste au dessus de tout soupçon*, Denoël, 2000.

Jean-René Ruttinger, *George Killian ou l'extraordinaire histoire d'un gentleman brasseur irlandais*, Le Pré aux Clercs, 1990.

*La Planète gourmande. Sopad Nestlé*, Albin Michel, 1991.

Edgar H. Schein, *The role of the founder in creating organizational culture*, Organizational Dynamics, 1983.

*Comment Adidas devient l'un des plus beaux redressements de l'histoire du business*, Enquête d'Eric Wattez, Editions Assouline, 1998.

Jean Watin-Augouard, *Le Dictionnaire des marques*, Editions JVDS Sédiac, 1997.

Jean Watin-Augouard, *Histoires de marques*, Editions d'Organisation & TM. Ride, 2001.

Christine Zanella, *Les marques nominatives*, Editions Litec, 1996.

## Articles et études

Cahier d'Etudes ESCP, 1999, « *L'âge d'une marque : facteur clé de succès ou handicap ?* »

Challenges Economiques, Janvier 1993, « *Les Fendi : de mère en filles* », p. 74.

*Gestion de la Empresa Familiar*, Mai 1999, ISSN 1575-2496.

Journal of Marketing Research, Août 1997, « *Dimensions of Brand Personnality* », p. 347.

La Revue des marques, Prodimarques, Octobre 1998, N°24, « *Radiographie des marques patronymiques* », p. 5.

La Revue des marques, Prodimarques, Octobre 1998, N°24, « *Marque constituée par un patronyme : les droits de l'homonyme* », p. 32.

La Revue des marques, Prodimarques, Octobre 1998, N°24, « *Paloma Picasso : une marque faite femme* », p. 36.

Enjeux Les Echos, *Classements des Groupes Industriels et de Service*, Hors Série, 11/01.

Les Echos, 1$^{er}$ Février 1999, « *Règles d'usage du nom patronymique* ».

Les Echos, Communiqué du 14/12/99.

Les Echos, « *Armani, le gourou du luxe* », 13/03/02.

Les Echos, « *Maisons de famille* », 10/07/01.

Bernard Logié, Les Echos, « *Les « Hommes-marques », des valeurs légitimes en Bourse* », 31/03/00.

Bernard Logié, Les Echos, « *Entreprises familiales ou familles entrepreneuriales* », 25/08/00.

Bernard Logié, Les Echos, « *« Un nom, une marque » : Les atouts pour le client et les salariés* », 07/09/01.

Les Echos, séries des étés, 1999, 2000, 2001.

Bernard Logié, La Revue des Marques, « *Créer des richesses avec des valeurs, nouvel enjeu des marques* », Janvier 2002.

Entreprendre, N°160, « *Michel Bernardaud* », 2001.

*Etude Éponymes*, ESCP-EAP Conseil, 29/11/01.

L'Expansion, 25 Janvier-7 Février 1990, « *La nouvelle guerre des marques* », p. 47.

L'Expansion, Juin-Juillet 1991, « *Leur nom, c'est leur marque* », p. 106.

Le Monde, Editorial, 09/01/02.

Le Nouvel Economiste, Décembre 1991, N°825, « *Les grandes marques sont éternelles* », p. 30.

Stratégies, Octobre 1997, N°1028, « *Mon nom est une marque* », p. 36.

## 3. Bibliographie « Éponymes »

Pierre d'Ambly, *Les Pavin de Lafarge, de l'armée du Roi à l'industrie de la République*, François-Xavier Le Guibert, Mai 2000.

Michael Bloomberg, *Bloomberg par Bloomberg*, Village Mondial, 1999.

Daniel Bordet et Michel Pouffier, *Pétrole Hahn*, Somogy, 1993.

Marcel Dassault, *Le Talisman*, Editions Jours de France, 1983.

Marc de Ferrière Le Vayer, *Christofle, deux siècles d'aventure industrielle. 1793-1993*, Le Monde-Editions, 1995.

Henri Ford, *Ma vie & Mon œuvre*, Payot, Paris, 1930.

René Lacoste, *Plaisir du Tennis*, Fayard, 1981.

Gabriel Lamy, *Maxime Dalloz*, Editions Cabédita, 1998.

Patrick Lefèvre-Utile, *L'art du biscuit*, Hazan, 1995.

François Michelin, *Et pourquoi pas ?*, Ed. Grasset et Fasquelle, 1998.

Frederik Philips, *45 ans avec Philips*, Editons France-Empire, 1981.

Monique Pivot, *MAGGI et la magie du Kub*, hoëbeke, 2002.

Albert A. Prouvost, *Toujours plus loin. Mémoires.* 1909-1991, Editions La Voix du Nord, 1992.

Paul Ricard, *La passion de créer*, Albin Michel, 1983.

*Les Sandoz*, Ed. Gilles Attinger, Hauterive, Suisse, 2000.

# POSTFACE

« Par le nom connaît-on l'homme », dit Chrétien de Troyes dans le *Conte du Graal*. On pourrait dire aujourd'hui, « par le nom connaît-on l'entreprise ».

Il est peu habituel pour un linguiste d'être associé à un ouvrage traitant de l'entreprise en général, ou de mercatique en particulier. Nous mesurons donc l'honneur qui nous est fait.

Certes, l'approche de cet ouvrage n'est pas étrangère à la linguistique : c'est à la langue que l'on touche, par le biais des marques éponymiques. Mais il y a plus, et il convient de saluer l'initiative du fondateur de l'association *Éponymes*. A partir du nom, il incite à une réflexion plus vaste sur l'usage de la langue dans l'entreprise. On a vu en le lisant combien il se préoccupe, légitimement, de préconiser et de promouvoir des principes et des comportements pour l'entreprise, à partir d'une conscience éclairée du nom. Cela conduit à une interrogation générale sur les enjeux des choix linguistiques, aussi bien dans la communication interne que dans les échanges avec l'extérieur.

Soulignons ce paradoxe : au siècle de l'image, où la communication se fait largement selon des procédés publicitaires, où l'on parle communément de l'image de l'entreprise, c'est justement le **nom** qui fait image. Il est évocateur d'une culture (en l'occurrence française, ou régionale), d'un état d'esprit ; il confère à la marque un parfum (le linguiste dirait une « connotation ») d'authenticité, une dimension humaine, par la personnalisation nominale. Même dans une société du

« tout image » et du « tout économique », on ne saurait faire
... l'économie de la langue, ne serait-ce que dans la spécificité
de l'appellation. Le « poids des mots », celui du nom, sont
une réalité indiscutable.

On pourrait aller plus loin, et tenir que la dimension linguistique est une composante majeure de la culture d'entreprise,
même si elle est difficilement quantifiable. Un parler
commun, un « idiolecte » partagé, constituent, au-delà d'une
culture collective, un patrimoine à transmettre, un projet économique et humain, une solidarité efficace. A l'heure de la
mondialisation uniformisante, qui risque de faire de la langue
anglaise l'outil (et le privilège) du décideur, il importe de
rappeler l'enjeu de la langue commune. Une entreprise dynamique est faite d'hommes et de femmes qui parlent le même
langage.

Ce n'est pas le moindre mérite de cet ouvrage que nous avoir
conduits à de telles réflexions, dont on saisit l'actualité.

Bernard CERQUIGLINI.
Délégué général à la langue française
et aux langues de France.

# INDEX DES PERSONNES ET DES MARQUES CITÉES

## Index des personnes citées

# Index des marques citées

www.ingramcontent.com/pod-product-compliance
Lightning Source LLC
Chambersburg PA
CBHW050126210326
41519CB00015BA/4126